북방민족들의 '구전 문학' 지혜를 찾아서
– *에스페란토 초보자용 읽기 책*

Paŝtisto kaj Feino
목동과 선녀

오태영(Mateno) 옮김

목동과 선녀(에·한 대역)

인 쇄: 2025년 9월 11일 초판 1쇄

발 행: 2025년 9월 18일 초판 1쇄

옮긴이: 오태영(Mateno)

펴낸이: 오태영

출판사: 진달래

신고 번호: 제25100-2020-000085호

신고 일자: 2020.10.29

주 소: 서울시 구로구 부일로 985, 101호

전 화: 02-2688-1561

팩 스: 0504-200-1561

이메일: 5morning@naver.com

인쇄소: ㈜부건애드(성남시 수정구)

값: 10,000원

ISBN: 979-11-93760-36-9(03820)

북방민족들의 '구전 문학' 지혜를 찾아서
- 에스페란토 초보자용 읽기 책

Paŝtisto kaj Feino
목동과 선녀

오태영(Mateno) 옮김

진달래 출판사

원서

Ĉinaj Popolaj Rakontoj
Paŝtisto kaj Feino

Kompilita de Zheng Zhenĵie
Pekino 1990

Unua eldono 1990
Tradukita de Li Baofa kaj Yao Baoyin
ISBN 7-5052-0047-X
Eldonita de la Ĉina Esperanto-Eldonejo

Enhavo(목차)

Antaŭparolo

En la provincoj Heilongĝiang, Jilin kaj Liaoning de nordorienta Ĉinio loĝas nacioj hana, manĉura, korea, mongola, dahura kaj olunĉuna. Ili vivas tie multajn generaciojn kaj havas belajn mitojn, popolrakontojn, legendojn, fabelojn kaj fablojn.

Kompreneble tiu ĉi libro ne povas ampleksi la tutan aspekton de la popolaj rakontoj en nordorienta Ĉinio, sed tamen ĝi prezentas la ekonomian staton, socian vivon, religian kredon kaj morojn de diversaj nacioj en la pasintaj jarcentoj.

La herooj de la rakontoj en tiu ĉi libro plejparte estas ĉasisto, fiŝisto, kamparano, virino kaj infano. Ili estas saĝaj, talentaj, kaj havas la kuraĝon kaj sagacecon en batalo kontraŭ tiraneco. Ĉe tiuj realaj figuroj oni povas vidi la amon, la malŝaton, la forton kaj la optimismon de la popolo, kaj ankaŭ la neflekseblan karakteron kaj bravan ambicion de la laboranta popolo en ŝanĝo de la socia medio. Tial la rakontoj vaste cirkulas inter la popolanoj de diversaj nacioj de generacio al generacio.

La popolaj rakontoj en nordorienta Ĉinio havas riĉan koloron de romantikismo. Multaj el la rakontoj aplikis hiperbolon, komparon kaj personigon por havigi al la pozitivaj personoj superan kapablon kaj kontaktigi la sentojn de vivaĵoj kaj senvivaĵoj kun tiu de homoj. Legado de tiuj rakontoj estas interesa kaj edifa. La popolaj rakontoj havas lokajn gustojn. Ili ne nur esprimas amon al hejmloko, sed ankaŭ fable priskribas montojn, riverojn kaj antikvajn restaĵojn.

서문

중국 동북부의 헤이룽장성1), 지린성2), 랴오닝성3)에는 한족, 만주족, 조선족, 몽골족, 다후르족, 오룬춘족 등 여러 민족이 살고 있습니다. 이들은 그곳에서 여러 세대에 걸쳐 살면서 아름다운 신화, 민담, 전설, 우화 등을 만들어왔습니다.

물론 이 책이 동북부 중국의 모든 민담을 담지는 못합니다만, 지난 수세기 동안 다양한 민족의 경제 상태, 사회생활, 종교적 믿음, 풍습 등을 잘 보여주고 있습니다.

이 책의 이야기에 등장하는 주인공들은 대부분 사냥꾼, 어부, 농부, 여성, 어린아이들입니다. 그들은 지혜롭고 재능이 뛰어나며, 폭정에 맞서 싸우는 용기와 슬기로움을 가지고 있습니다. 이러한 현실적인 인물들을 통해 우리는 백성들의 사랑과 미움, 강인함, 낙관주의뿐만 아니라, 사회 환경의 변화 속에서도 일하는 백성들의 굴하지 않는

---

1) 헤이룽장성은 흑룡강을 사이로 러시아와 접하여 있는 중국 동북부의 성으로, 성도는 하얼빈시다. 약칭은 헤이(黑hēi), 간혹 룽(龙lóng)이라고도 쓴다. 한국 한자음으론 흑룡강성이다.
2) 지린성은 중국 만주 지방에 있는 성으로, 성도는 창춘시다. 행정상 간칭은 지(吉jí)다. 한국 한자음으론 길림성이다.
3) 랴오닝성은 중국 동북부에 위치한 성으로, 면적 14.5만㎢, 인구 약 4,400만 명. 역사적으로 고구려와 청나라의 발상지이며, 현재는 중공업과 제조업 중심지로 발전

성품과 용감한 포부를 엿볼 수 있습니다. 그렇기 때문에 이 이야기들은 여러 민족의 백성들 사이에서 세대를 거쳐 널리 전해지고 있습니다.

중국 동북부 민담은 풍부한 낭만주의 색채를 지니고 있습니다. 많은 이야기들이 과장, 비유, 의인화 기법을 사용하여 긍정적인 인물들에게 초월적인 능력을 부여하고, 살아있는 것과 살아있지 않은 것들의 감정을 인간의 감정과 연결시키고 있습니다. 이 이야기들을 읽는 것은 흥미롭고 교훈적입니다. 민담들은 또한 지역의 정서를 담고 있습니다. 고향에 대한 사랑을 표현할 뿐만 아니라, 산과 강, 그리고 고대 유적들을 우화적으로 묘사하고 있습니다.

Paŝtisto kaj Feino

(de Korea nacio)

Laŭdire, antaŭ tre tre longe ĉe la piedo de Changbaimontaro vivis bela junulo, jam 16-jara. Liaj gepatroj mortis en lia infaneco. Oni ne sciis lian nomon, nur sciis, ke li vivtenis sin per paŝtado por riĉulo, tial ĉiuj nomis lin paŝtisto.

La paŝtisto estis bonkora kaj helpema. Li respektis maljunulojn kaj amis infanojn. Li estis ankaŭ lerta en flutado. En somera vespero, ĉu viroj aŭ virinoj, ĉu maljunuloj aŭ junuloj, ĉiuj ŝatis aŭskulti lian flutadon sidante sub la luno.

Iun tagon, la paŝtisto paŝtis bovojn kaj ŝafojn sur monto. Dum la gregoj manĝis sukajn herbojn, li ludis fluton sidante sur ŝtono. Li ĝoje flutis kaj subite vidis, ke bela cervo rulfalis de roko. Vidinte la paŝtiston, la cervo tuj genuiĝis kaj petis: "Bonkora junulo, helpu min! Ĉasisto persekutas min." Je la diro ĝi eklarmis.

Anstataŭ diri ion, la bonkora paŝtisto tuj lasis sian fluton, malligis faskon da brulligno kaj kovris la cervon. Kaj li denove ekludis la fluton.

Post nelonge, en trotado kaj henado de ĉevalo, venis ĉasisto, kiu malĝentile kriis:

"He! Knabo, ĉu vi vidis malgrandan cervon?"

La paŝtisto daŭre ludis sian fluton. kvazaŭ li ne aŭdus lin.

"He, knabaĉo! Ĉu viaj oreloj estas ŝtopitaj? Ĉu vi ne aŭdis mian demandon?"

La paŝtisto ankoraŭ ne donis respondon kaj daŭre flutis.

Kolerigite, la ĉasisto saltis de sur la ĉevalo, deprenis la fluton el lia mano, kaptis la paŝtiston je la orelo kaj refoje demandis: "Knabaĉo, ne ŝajnigu vin surda! Mi demandas vin, ĉu vi vidis malgrandan cervon."

La paŝtisto sin liberigis de la ĉasisto kaj reprenis la fluton. Li diris tra la nazo: "Hm! Kiel mi povis vidi ĝin? Mi ne gardis ĝin por vi!"

Tion aŭdinte, la kolera ĉasisto nur povis sidiĝi sur la ĉevalo kaj forgalopis en arbaron.

Kiam la ĉasisto rajdis sufiĉe foren, la malgranda cervo elŝoviĝis el sub la brulligno, genuiĝis kaj profunde riverencis al la paŝtisto. La paŝtisto starigis ĝin kaj demandis: "Kie vi loĝas? Kiel danĝere estas, ke vi iris sola sen akompano de viaj gepatroj."

La cervo diris: "Mi estas ludaĵo de feinoj. Laŭ la

ordono de nia reĝo, mi servis al la feinoj de la Ĉiela Palaco, kiam ili malsupreniris al la tero por bani sin en Tianchi-lago sur Changbai-montaro. Hodiaŭ mi senatente renkontis la kruelan ĉasiŝton. Mi ŝuldas al vi mian saviĝon. Mi ne scias, kiel mi povas rekompenci vin."

Poste la cervo demandis la paŝtiston pri lia pasinteco. La paŝtisto diris, ke liaj gepatroj mortis en lia infaneco kaj li fariĝis paŝtisto de riĉulo.

Tion aŭdinte, la cervo diris: "Sur la ĉielo vivas sep belaj feinoj. Ĉiun Oran Tagon[4], ili trapasas la ĉielarkon kaj flugas al Tianchi-lago sur Changbai-montaro por bani sin. La plej honesta kaj ĉarma estas la sepa feino. Kiam ili venos venontfoje, vi ŝtele forprenu la vestojn de la sepa feino kaj kaŝu ilin. Tiam ŝi fariĝos via edzino kaj vi vivos feliĉan vivon."

La paŝtisto ekstaziĝis de la konsilo de la cervo. Fine la cervo aldonis: "Nepre memoru. ke vi ne povos redoni la vestojn al ŝi, malgraŭ ke vi geedziĝos. Se tio estos nepre necesa, vi redonu post kiam ŝi naskos la trian filon."

La paŝtisto kapjesis. La cervo diris al li: "Estonte kiam hazarde vin trafos malfacilo, venu ĉi tien kaj

---

4) La kore-nacianoj nomas la semajnajn tagojn per luno, fajro, akvo, ligno, oro, tero kaj suno. La Ora Tago estas vendredo.

voku min trifoje." Post tio ĝi rapide kuris en la densan arbaron.

De tiam, la paŝtisto malpacience atendis la Oran Tagon.

Fine venis la tago kaj li frue alvenis ĉe la lagon Tianchi. Kiel serena tago! Kiel karesa suno! La paŝtisto ludis sian fluton. La agrabla sono disvastiĝis en la aero. Li ĝoje flutis kaj flutis, kaj subite vidis ekbrilon: Sur la lazura ĉielo aperis bela ĉielarko kaj per ĝi venis sep delikate belaj feinoj en multkoloraj silkaj vestoj kaj jupoj. Ili malrapide surteriĝis apud la lago Tianchi.

Tiutempe, la paŝtisto jam kaŝis sin malantaŭ dika saliko.

La feinoj malvestis sin en gaja pepado.

La unua feino diris: "Kiel rava flutado!"

La tria feino diris: "Mi klare vidis junulon fluti ĉi tie. Kiel li malaperis en palpebrumo?"

La sepa feino dirts: "Li flutas pli rave ol la muzikista grupo de la Ĉiela Palaco."

La feinoj demetis siajn vestojn kaj kroĉis ilin sur branĉojn, poste ili saltis en la lagon.

La Ĉiela Palaco estis tre komforta, tamen longa banala vivo tedis la feinojn. Post la tuta enuiga vintro, nun ili en la lago Tianchi kun malvarmeta akvo gaje distris sin plaŭdigante akvon. Ili verŝis akvon unu sur alian kaj ĉion forgesis.

Kiam la feinoj dronis en gaja distrado en la lago, la paŝtisto ŝtele forprenis la vestojn de la feinoj kaj kaŝis aparte la vestojn de la sepa feino en la sinon.

Estis tempo reveni al la Ĉiela Palaco. Kiam la feinoj iris sur la bordon por vesti sin, ili tute konsterniĝis rimarkinte, ke malaperis iliaj vestoj, kaj restis nur gaztuko sur la branĉo.

Kiam la feinoj kun maltrankvilo serĉis ĉie la vestojn, subite ili aŭdis belan melodion de fluto. Ili levis la kapon kaj vidis, ke sub la saliko staras brava junulo rave flutanta.

La feinoj diris unu al aliaj: "Estas certe, ke tiu junulo kaŝis niajn vestojn, ni deprenu ilin de li." Sed la sep knabinoj estis tute nudaj, kiel ili povus iri antaŭ la junulon? La unua feino lasis la duan aliri, la dua lasis la trian... Ili ĉiuj volis, ke iu alia iru. Fine la sepa feino vole nevole diris: "Mi iru." Ŝi ĉirkaŭvolvis la malsupran korpon per la gaztuko kaj iris al la paŝtisto. Starante fore de la paŝtisto, ŝi kriis:

"He, junulo! Ĉu vi vidis niajn vestojn?"

La paŝtisto ĉesis fluti kaj ĵetis rigardon al la feino. Li tuj sentis, kvazaŭ leviĝus plenluno antaŭ li. Kiel bela ŝi estas! Sendube ŝi estas la sepa feino. Li ruĝiĝis kaj mallevis sian kapon, dirante: "Jes, mi kaŝis viajn vestojn. Se vi volas, ke mi redonu ilin al vi, vi devas plenumi mian peton."

La feino haste demandis: "Kian peton?"

La paŝtisto honteme diris: "Vi edziniĝu al mi."

La feino ĵetis rigardon al la paŝtisto kaj kun rideto kapjesis al li. Poste ŝi kuris al siaj fratinoj kaj diris tion al ili.

La fratinoj ne volis forlasi sian karan plej junan fratinon, tamen ili ne povis reiri al la Ĉiela Palaco sen vestoj, tial ili ne povis ne konsenti la peton de la paŝtisto.

La paŝtisto ĝoje redonis la vestojn al la ses feinoj. La ses feinoj, adiaŭinte la sepan feinon kaj paŝtiston, malrapide flugis al la Ĉiela Palaco, starante sur la ĉielarko.

La paŝtisto edziĝis kun la sepa feino, kaj ilia vivo pleniĝis de ĝojo. Ili konstruis tri pajlajn kabanojn. Ĉiutage la paŝtisto paŝtis kaj la feino teksis. Ili vivis tre dolĉe.

La feino estis tiel diligenta, ke neniu povis sin kompari kun ŝi. Kiam ŝia edzo iris paŝti, ŝi akompanis lin ĝis la pordo; kiam la edzo revenis hejmen, ŝi tuj prezentis al li neĝblankan rizaĵon kaj delikatan salaton el freŝa legomo.

La feino estis ne nur bonkora, sed ankaŭ lerta.

La floroj, kiujn ŝi brodis, aromis kiel veraj, kaj la birdoj sur ŝia brodaĵo kvazaŭ estus elflugontaj.

Rapide pasis tri jaroj kaj tri monatoj post ilia geedziĝo, kaj ili havis du filojn amindajn kaj sanajn. Kiel mirinde, ke la du infanoj povis diri "paĉjon" kaj "panjon" unu monaton post la naskiĝo kaj povis kuri du monatojn post la naskiĝo. La geedzoj estis feliĉaj pro la beboj, kaj ili ĉiutage distriĝadis kune kun siaj amindaj infanoj.

Tri jaroj kaj tri monatoj en la homa mondo estis nur tri monatoj kaj dek tagoj en la Ĉiela Palaco. De kiam la sepa feino edziniĝis al la paŝtisto, la ses fratinoj kaŝis tion antaŭ la gepatroj tri monatojn kaj dek tagojn. Kiam la gepatroj demandis pri la sepa filino, ill ĉiam diris, ke ŝi estis en teksado aŭ en brodado. Sed en la datreveno de la naskiĝo de la Ĉiela Imperiestro, ili ne povis plu kaŝi la aferon. Tiun tagon la sep feinoj devis laŭivice verŝi vinon por gratuli la patron. Kiam la ses feinoj ĉiuj alvenis, la patro ne vidis la sepan kaj kriis: "Kien iris la sepa?" La ses fratinoj rigardis unu al aliaj, kaj povis diri nenion.

En tiu tempo la sepa feino estis teksanta en la homa mondo. Subite ŝi aŭdis tondron en la serena ĉielo. La karnuloj ne povis scii, kio okazis, sed la sepa feino sciis, ke ŝia patro koleriĝis. Ŝi pensis, ke la patro certe sendos kapti ŝin, se ŝi ne tuj reirus al la Ĉiela Palaco. La sepa feino samtempe ne volis tro suferigi sian edzon, tial ŝi petis lin:

"Mia karulo, ni geedziĝis jam tri jarojn kaj tri monatojn, kaj havas du infanojn, mi ne volas disiĝi de vi. Sed mi volas revesti min per la feina vesto, bonvolu redoni ĝin al mi."

La paŝtisto konsideris, ke la edzino diris sincere, kaj redonis la veston al ŝi.

La paŝtisto estis laca de laboro. Li kuŝiĝis kaj baldaŭ endormiĝis.

Profitante senatenton de la edzo, la sepa feino prenis la du infanojn sub la brakojn. Sed kiam ŝi ekpensis ke ŝi tuj forlasos sian karan edzon, ŝi larmis torente. Ŝi rigardis al la edzo kaj riverencis antaŭ li. Poste ŝi malrapide flugis al la Ĉiela Palaco.

Vekiĝinte la paŝtisto rimarkis, ke forestis la edzino kaj infanoj. Li rigardis al la teksilo, tie ne sidis la edzino; li rigardis en la kuirejon, ankaŭ tie ne estis la edzino. La tuta korto estis en silento. La paŝtisto supozis, ke la sepa feino reiris al la Ĉiela Palaco. La feliĉa hejmo subite fariĝis senviva.

La paŝtisto forte malĝojiĝis kaj pentis, ke li redonis la veston al la edzino. Sed nun pento jam ne helpis. Li nenion povis fari krom trovi la cervon.

La paŝtisto iris tien, kie li savis la cervon. Li

vokis trifoje al la cervo. Apenaŭ li finis la vokon, al li kuris la cervo el densa arbaro.

Vidinte la cervon, la paŝtisto eklarmis antaŭ ol paroli.

"Ĉion mi jam sciis. Nun tiel estis la afero, vi ne ĉagreniĝu! En la venonta Akva Tago vi refoje iru al Tianchi-lago. Tiun tagon, oni mallevos sitelon el la Ĉiela Palaco al Tianchi-lago por ĉerpi akvon. Vi sidu en la sitelo, kaj tiam vi povos leviĝi supren al la ĉielo, kaj vi povos renkontiĝi kun viaj edzino kaj infanoj." Tion dirinte, la cervo reiris en la arbaron.

La paŝtisto atendis kaj atendis la Akvan Tagon. Fine venis la tago, kaj li alvenis Tianchi-lagon frue. Kun la vizaĝo kontraŭ la ĉielo li rigardis kaj rigardis, ĝis kiam liaj okuloj kaj kolo doloris al li, kaj tiam li vidis grandan sitelon mallevata el la ĉielo.

La paŝtisto kaptis la sitelon kaj sidiĝis en ĝi. Post nelonge la sitelo ekleviĝis supren. Li nur aŭdis blovadon de vento ĉe la oreloj kaj sentis sin malvarma. Post longa tempo la sitelo subite haltis. Ho, li jam venis en la Ĉielan Palacon.

Apenaŭ la paŝtisto eliris el la sitelo, li aŭdis vokon "Paĉjo!" "Paĉjo!" Li turnis la kapon kaj vidis, ke liaj du filoj fluge kuris al li kaj ĵetis sin en lian sinon.

La paŝtisto ameme kisis ilin sur la vangoj foje kaj refoje. Kaj ili kondukis lin al sia patrino. La du infanoj salte kuris en la ĉambron de la patrino kriante: "Panjo, panjo! Venis la paĉjo!" La feinoj super teksado tuj leviĝis kaj ĉirkaŭis lin. Vidinte sian edzon la sepa feino kaj surpriziĝis kaj ĝojis. La geedzoj ploris brakumante unu la alian, kaj interparolis pri sia vivo depost la disiĝo.

La renkontiĝo de la paŝtisto kaj la sepa feino ĝojigis ĉiujn en la palaco, sed forte ĉagrenis la Ĉielan Imperiestron kaj liajn tri filojn. La Ĉiela Imperiestro ne povis senkaŭze forpeli la paŝtiston, tial li elmetis malfacilan problemon por la paŝtisto. Se la paŝtisto povos solvi ĝin, li permesos al li vivi kune kun sia sepa filino; se ne, li forpelos lin sola en la homan mondon.

Kia malfacila problemo? La Ĉiela Imperiestro ordonis al la paŝtisto iri al la muso-regno por preni cent homajn haŭtojn kaj tri doŭ-ojn (ĉina mezurunuo, ĉiu doŭ egalas dekalitron) da homaj testikoj.

Laŭdire, en la Ĉiela Palaco vivas ne nur feoj kaj feinoj, sed ankaŭ diversaj bestoj. La tieaj musoj, grandaj kiel kato, estis tre kruelaj. Ili gardis la pordon de la Ĉiela Palaco kaj manĝis nur homojn venintajn el la tera mondo. Kiam ili vidis homon, ili tuj kaptis lin, deŝiris la haŭton kaj manĝis lian karnon. Estis feliĉe, ke la paŝtisto venis al la Ĉiela Palaco sidante en la sitelo, alie, li certe fariĝis manĝaĵo de musoj.

La paŝtisto ne havis kuraĝon malobei sian bopatron. Li ekiris al la muso-regno adiaŭinte la edzinon kaj filojn. Oni ne sciis, kiom da nuboj li transpasis kaj kiom da tagoj li iris. Fine li atingis la muso-regnon.

Ĉe la pordo gardostaris du grandaj musoj kun lanco en la mano. La paŝtisto iris antaŭ ilin kun demando: "Permesu al mi demandi, ĉu tie ĉi estas la muso-regno?"

La du grandaj musoj kun kuntiritaj nazoj flaris kaj sentis odoron de surtera homo. Ili kaptis la paŝtiston kaj diris: "Kiel aŭdaca vi estas! Kiel vi venis al la Ĉiela Palaco? Iru al nia reĝo! Poste ni senhaŭtigos vin kaj manĝos vian karnon."

Post nelonge la paŝtisto estis kondukita en la musoregnon. Li, tremante de timo, iris antaŭen kaj rigardis ĉirkaŭen. Oho! Kiel granda la regno estas! Tie vivis sennombraj musoj grandaj kaj malgrandaj, altaj kaj malaltaj, masklaj kaj femalaj, nigraj kaj blankaj.

La paŝtisto pensis: "Mi pereos. Ĉu mi povus preni de tie homajn haŭtojn kaj testikojn? Eble la miaj estos delasitaj ĉi tie."

Post nelonge, la paŝtisto venis en grandan halon. Li pensis, ke tie certe estas la palaco de la reĝo.

Kiam la paŝtisto venis antaŭ la reĝon de muso-regno, li levis la rigardon kaj tuj paraliziĝis de teruro. Li neniam vidis tian muson grandan kiel bovo. La muso kun blua vizaĝo, elŝoviĝantaj dentegoj kaj grandaj oreloj rigardis lin per rondaj sed malgrandaj okuloj blue brilantaj.

La du musoj genuiĝis antaŭ la reĝo kaj diris: "Via reĝa moŝto, ni ĵus kaptis homon venintan el la tera mondo. Ĉu ni senhaŭtigu kaj manĝu lin?"

Kiam la muso-reĝo rigardis la paŝtiston, ĝi surprizite kriis "Ehe", tuj leviĝis de sia trono, iris antaŭ la paŝtiston kaj diris: "Bonkora mastro, ĉu vi rekonas min?"

La paŝtisto pririgardis la reĝon kaj fine rekonis: "Jes, jes!"

Kial la muso-reĝo vokis la paŝtiston "mastro"? Kiel la paŝtisto konis la reĝon? Jen estas epizodo:

Tio okazis antaŭ ol la paŝtisto edziĝis al la sepa feino. La paŝtisto estis tre malriĉa de sia infaneco. Tamen granda muso ne malestimis lin kaj ofte amuziĝis kun li. Ankaŭ la paŝtisto tre ŝatis la muson. Kiam li havis bongustaĵon, li certe donis parton al la muso. La muso pli kaj pli kreskis kaj amikiĝis al la paŝtisto. Ĉiumatene, kiam la paŝtisto iris paŝti, la muso akompanis lin longan vojon; vespere, kiam la paŝtisto revenis hejmen, la muso atendis lin frue sur la vojo. Ili sopiris unu al la alia, se ili unu tagon ne intervidiĝis.

Sed kiam la paŝtisto edziĝis al la feino, la muso pensis, ke la paŝtisto jam havis kunvivantinon, kaj cetere ĝi fariĝis muso-spirito, tiel ĝi senbrue forlasis la paŝtiston, venis al la muso-regno kaj tie faris sin reĝo. Antaŭ longe ili jam stariĝis profundan amikecon, ĉu ili povus ne ĝojiĝi, kiam ili hazarde renkontiĝis unu kun la alia?!

Vidinte tion, la du muso-gardistoj diris nenion kaj kuris for.

Post kiam la muso-reĝo kaj la paŝtisto reciprokis saluton, la muso-reĝo demandis la paŝtiston: "Kial vi forlasis la komfortan homan mondon kaj venis al nia regno?"

La demando ĉagrenis la paŝtiston tiel, ke li larmis. Li diris ĉion al la muso-reĝo, kiel lia edzino revenis la ĉielon kun la filoj, kiel li venis al la Ĉiela Palaco sidante en la sitelo kaj renkontiĝis kun sia edzino, kaj kian malfacilan problemon la bopatro elmetis al li.

Aŭdinte tion la muso-reĝo ridis kaj diris karesante siajn lipharojn: "Tio estas facila. Ĉion mi aranĝos."

Tiel la muso-reĝo sidiĝis sur sia trono kaj kriis: "Infanoj, venu!"

"Jes!" kun la respondo venis multe da malgrandaj musoj.

"Iru preni el la konservejo cent homajn haŭtojn kaj tri doŭ-ojn da homaj testikoj."

"Jes!" la malgrandaj musoj tuj iris for.

Baldaŭ, en ĉirpado revenis cent musoj kun cent homaj haŭtoj, kaj aliaj tridek musoj kun tri doŭ-oj da homaj testikoj.

La muso-reĝo ordonis: "Infanoj, aŭskultu! Li estis mia mastro. Sekvu lin kaj portu tiujn objektojn al la palaco de la Ĉiela Imperiestro!"

"Jes!" unuvoĉe respondis la malgrandaj musoj.

Adiaŭinte la muso-reĝon, la paŝtisto kondukis la musojn al la palaco.

Kiam ili iris ĉirkaŭ duonan vojon al la palaco, subite la tri filoj de la Ĉiela Imperiestro, rajdante sur tri altaj ĉevaloj, aperis el nubo, haltigis ilin per glavoj kaj severe kriis: "Restigu tiujn objektojn!"

La muso-regno estis regata de la Ĉiela Imperiestro, tial la malgrandaj musoj ne havis kuraĝon malobei ordonon de la filoj de la Ĉiela Imperiestro. Ili tuj demetis la objektojn kaj kuris for, nur restis la paŝtisto.

Rideginte momenton, la tri filoj de la Ĉiela Imperiestro diris al la paŝtisto: "Fi! Kiel vi, karnulo, kuraĝas revi vivi kune kun ĉiela feino! Simple sonĝo!"

Ĝuste tiam leviĝis ventokirlo kun bruo. La vento levis la homajn haŭtojn kaj testikojn, kaj blovis ilin for. La filoj de la Ĉiela Imperiestro haste ekrajdis por kuratingi la venton.

Vidinte, ke perdiĝis la homaj haŭtoj kaj testikoj, la paŝtisto forte ĉagreniĝis kaj plorĝemis.

Subite li aŭdis bruon. Li forviŝis la larmojn kaj vidis, ke al li flirtis folio de papero. Li kaptis ĝin kaj legis:

"Mia edzo: Ne ploru! La objektojn mi jam prenis. La ĵusa ventokirlo estis mia magio. Tuj venu al mi!"

La paŝtisto ekridis kaj kuris al sia edzino.

Li paŝis en la palacon de la Ĉiela Imperiestro, transdonis al la bopatro la cent homajn haŭtojn kaj tri doŭ-ojn da testikoj. La Ĉiela Imperiestro tiel surpriziĝis, ke li povis diri nenion.

Estas diro, ke oni povas rekolekti elverŝitajn grajnojn, sed ne povas repreni la diritan vorton. La Ĉiela Imperiestro ne povis superruzi la paŝtiston, li ne povis ne permesi al la geedzoj reveni al la homa mondo.

Estis serena tago, la sepa feino ĵetis koloran

silkan rubandon al la tera mondo, kaj tiu fariĝis bela ĉielarko. La paŝtisto kaj la feino kunportis po unu filon, suriris la ĉielarkon, kaj malsupreniris ĉe la lagon Tianchi.

Tiam la cervo jam atendis ilin tie. Ĝi portis ilin sur sia dorso kaj malsupreniris de Changbai-montaro. De tiam la cervo ne foriris de la paŝtisto. Laŭdire, de tiam la bredado de cervo daŭras ĝis nun. Oni diris, ke la kore-nacianoj de Changbai-montaro estas saĝaj, belaj kaj diligentaj, ĝuste pro tio, ke ili estas posteuloj de la paŝtisto kaj feino. La kore-nacianoj ĉiam amas Changbai-montaron kaj Tianchi-lagon.

목동과 선녀

(조선족)

아주 아주 오래전, 백두산 기슭에 열여섯 살 된 아름다운 청년이 살고 있었다고 합니다. 그는 어릴 적에 부모님을 여의었습니다. 사람들은 그의 이름을 몰랐고, 그가 부잣집에서 가축을 치며 살고 있다는 것만 알았기 때문에 모두 그를 목동이라고 불렀습니다.

목동은 마음이 착하고 남을 잘 도왔습니다. 그는 어른들을 공경하고 아이들을 사랑했습니다. 또한 피리를 부는 솜씨가 뛰어났습니다. 여름 저녁이면 남녀노소 할 것 없이 모두 달빛 아래 앉아 그의 피리 소리 듣기를 좋아했습니다.

어느 날, 목동이 산에서 소와 양 떼를 돌보고 있었습니다. 가축들이 무성한 풀을 뜯어 먹는 동안, 그는 돌 위에 앉아 피리를 불고 있었습니다. 즐겁게 피리를 불던 그는 갑자기 한 마리의 아름다운 사슴이 바위에서 굴러 떨어지는 것을 보았습니다. 사슴은 목동을 보자마자 무릎을 꿇고 애원했습니다. "착한 젊은이여, 저를 좀 도와주세요! 사냥꾼이 저를 쫓고 있습니다." 그렇게 말하며 사슴은 눈물을 흘렸습니다.

마음씨 착한 목동은 아무 말 없이 피리를 내려놓고, 땔감 묶음을 풀어 사슴을 덮어주었습니다. 그리고는 다시 피리를 불기 시작했습니다.

잠시 후, 말이 발굽 소리를 내며 달려오자 한 사냥꾼이 무례하게 소리쳤습니다.

"어이! 꼬마야, 작은 사슴을 보지 못했느냐?"

목동은 못 들은 척 계속 피리를 불었습니다.

"이봐, 이 녀석아! 귀가 막혔느냐? 내 말을 못 들었단 말이냐?"

목동은 여전히 대답하지 않고 피리를 계속 불었습니다.

화가 난 사냥꾼은 말에서 뛰어내려 목동의 손에서 피리를 빼앗고 그의 귀를 잡고 다시 물었습니다.

"이 녀석아, 못 들은 척하지 마라! 내가 묻는다, 작은 사슴을 보지 못했느냐?"

목동은 사냥꾼에게서 벗어나 피리를 되찾았습니다. 그리고 코웃음을 치며 말했습니다.

"흥! 제가 어떻게 봤겠어요? 제가 아저씨를 위해 사슴을 지키는 것도 아닌데요!"

그 말을 들은 사냥꾼은 화가 치밀어 다시 말에 올라타고 숲 속으로 달려갔습니다.

사냥꾼이 충분히 멀리 가자, 작은 사슴이 땔감 아래에서 나와 무릎을 꿇고 목동에게 깊이 절을 했습니다. 목동은 사슴을 일으켜 세우고 물었습니다.

"너는 어디에 사니? 부모님 없이 혼자 다니니 얼마나 위험하니."

사슴이 말했습니다.

"저는 선녀들의 장난감입니다. 우리 왕의 명령에 따라 하늘 궁궐의 선녀들이 백두산 천지 호수로 목욕하러 내려올 때 시중을 들었습니다. 오늘 부주의하게도 잔인한 사냥꾼을 만났는데, 당신 덕분에 살게 되었습니다. 어떻게 보답해야 할지 모르겠습니다."

이어서 사슴은 목동에게 그의 과거에 대해 물었습니다. 목동은 어릴 적에 부모님을 여의고 부잣집 목동이 되었다고 말했습니다.

그 말을 들은 사슴이 말했습니다.

"하늘에는 일곱 명의 아름다운 선녀가 삽니다. 매주 금요일[5]이 되면 그들은 무지개를 타고 백두산 천지 호수로 내려와 목욕을 합니다. 그중에서 가장 정직하고 사랑스러운 분은 일곱 번째 선녀입니다. 다음번에 그들이 올 때, 당신은 몰래 일곱 번째 선녀의 옷을 훔쳐서 숨기세요. 그러면 그녀가 당신의 아내가 되고 당신은 행복하게 살게 될 것입니다."

목동은 사슴의 조언에 황홀해했습니다. 마지막으로 사슴은 덧붙였습니다.

"절대 잊지 마세요. 결혼을 하더라도 옷을 그녀에게 돌려주면 안 됩니다. 정말로 돌려줘야 한다면, 그녀가 셋째

---

5) 조선족은 일주일을 달, 불, 물, 나무, 금, 땅, 해를 가지고 부른다. 금의 날은 금요일이다.

아들을 낳은 후에 돌려주세요."

목동은 고개를 끄덕였습니다. 사슴은 그에게 말했습니다. "앞으로 혹시라도 어려움에 처하게 되면, 여기로 와서 저를 세 번 부르세요."

그 말을 마치고 사슴은 쏜살같이 울창한 숲 속으로 달려갔습니다.

그때부터 목동은 애타게 금요일을 기다렸습니다.

마침내 그날이 왔고, 그는 일찍이 천지 호수로 갔습니다. 얼마나 맑은 날이었는지! 얼마나 따스한 햇살이었는지! 목동은 피리를 불었습니다. 아름다운 소리가 공기 중에 퍼져 나갔습니다. 그가 즐겁게 피리를 불고 있는데, 갑자기 번쩍이는 빛이 보였습니다. 푸른 하늘에 아름다운 무지개가 나타났고, 그 무지개를 타고 일곱 명의 아름다운 선녀들이 다채로운 비단옷과 치마를 입고 내려왔습니다. 그들은 천지 호수 근처에 천천히 내려섰습니다.

그때 목동은 이미 굵은 버드나무 뒤에 몸을 숨겼습니다.

선녀들은 즐겁게 재잘거리며 옷을 벗었습니다.

첫째 선녀가 말했습니다. "피리 소리가 정말 아름다워!"

셋째 선녀가 말했습니다. "분명히 여기서 피리를 부는 젊은이를 보았는데, 눈 깜짝할 사이에 사라졌네."

일곱 번째 선녀가 말했습니다.

"하늘 궁궐의 악사들보다 더 멋지게 부르네."

선녀들은 옷을 벗어 나뭇가지에 걸어두고 호수 속으로 뛰어들었습니다.

하늘 궁궐은 매우 안락했지만, 오랫동안 이어진 단조로운 생활에 선녀들은 싫증이 나 있었습니다. 지루했던 긴 겨울이 지나고, 이제 시원한 물이 가득한 천지 호수에서 그들은 물장구를 치며 즐겁게 놀았습니다. 그들은 서로에게 물을 끼얹으며 모든 것을 잊었습니다.

선녀들이 호수에서 즐겁게 놀고 있을 때, 목동은 몰래 그들의 옷을 훔쳐서 일곱 번째 선녀의 옷만 따로 품에 숨겼습니다.

하늘 궁궐로 돌아갈 시간이 되었습니다. 선녀들이 옷을 입기 위해 호숫가로 갔을 때, 옷들이 사라지고 나뭇가지에 가제 수건만 남아 있는 것을 보고 모두 깜짝 놀랐습니다.

선녀들이 불안해하며 여기저기 옷을 찾고 있을 때, 갑자기 아름다운 피리 가락이 들려왔습니다. 그들은 고개를 들었고, 버드나무 아래에 용맹한 청년이 서서 황홀하게 피리를 불고 있는 것을 보았습니다.

선녀들은 서로에게 말했습니다. "분명히 저 청년이 우리 옷을 숨겼을 거야, 가서 옷을 되찾자." 그러나 일곱 명의 처녀는 모두 벌거벗은 상태였는데, 어떻게 청년 앞으로 갈 수 있었겠습니까? 첫째 선녀는 둘째에게 가라고 했고, 둘째는 셋째에게... 모두 다른 사람이 가기를 원했습니다. 마침내 일곱 번째 선녀가 마지못해 말했습니다. "제가 갈게요." 그녀는 가제 수건으로 몸의 아래를 감고 목동에게로 갔습니다. 목동에게서 멀리 떨어진 곳에 서서 그녀는 소리쳤습니다.

"이봐, 청년! 우리 옷을 보았나요?"

목동은 피리 부는 것을 멈추고 선녀를 쳐다보았습니다. 그는 마치 보름달이 눈앞에 떠오른 것 같은 느낌을 받았습니다. 얼마나 아름다운지! 의심할 여지 없이 그녀는 일곱 번째 선녀였습니다. 그는 얼굴이 붉어져 고개를 숙이고 말했습니다.

"예, 제가 당신들의 옷을 숨겼습니다. 만약 제가 옷을 돌려주기를 원하신다면, 제 부탁을 들어주셔야 합니다."

선녀가 급히 물었습니다. "무슨 부탁이요?"

목동은 부끄러워하며 말했습니다.

"저와 결혼해 주십시오."

선녀는 목동을 쳐다보며 미소를 짓고 고개를 끄덕였습니다. 그리고는 서둘러 자매들에게 달려가 그 사실을 말했습니다.

언니들은 사랑하는 막내 여동생을 떠나보내고 싶지 않았지만, 옷이 없어서 하늘 궁궐로 돌아갈 수 없었기 때문에, 목동의 부탁에 동의할 수밖에 없었습니다.

목동은 기뻐하며 여섯 명의 선녀에게 옷을 돌려주었습니다. 여섯 명의 선녀는 일곱 번째 선녀와 목동에게 작별 인사를 하고, 무지개 위에 서서 천천히 하늘 궁궐로 날아갔습니다.

목동은 일곱 번째 선녀와 결혼했고, 그들의 삶은 즐거움으로 가득했습니다. 그들은 세 채의 초가집을 지었습니다. 매일 목동은 가축을 돌보았고, 선녀는 베를 짰습니다. 그들은 꿀처럼 달콤하게 살았습니다.

선녀는 부지런하기가 비할 데가 없었습니다. 남편이 가축을 돌보러 나갈 때는 문 앞까지 배웅했고, 남편이 집으로 돌아오면 바로 눈처럼 하얀 밥과 신선한 채소로 만든 맛있는 반찬을 내놓았습니다.

선녀는 마음이 착했을 뿐만 아니라 솜씨도 좋았습니다. 그녀가 수놓은 꽃은 진짜처럼 향기로웠고, 수놓은 새는 금방이라도 날아오를 듯했습니다.

결혼한 지 3년 3개월이 빠르게 지나갔습니다. 그들은 사랑스럽고 건강한 두 아들을 낳았습니다. 놀랍게도 두 아이는 태어난 지 한 달 만에 '아빠', '엄마'라고 말할 수 있었고, 두 달 만에 뛰어다닐 수 있었습니다. 부부는 아기들 때문에 행복했고, 매일 사랑스러운 아이들과 함께 즐거운 시간을 보냈습니다.

인간 세상의 3년 3개월은 하늘 궁궐에서는 단 3개월 10일에 불과했습니다. 일곱 번째 선녀가 목동과 결혼한 이후, 여섯 명의 언니들은 3개월 10일 동안 부모님에게 그 사실을 숨겼습니다. 부모님이 일곱째 딸에 대해 물을 때마다, 그들은 항상 그녀가 베를 짜거나 수를 놓고 있다고 말했습니다. 그러나 천제(天帝)의 생일이 되자, 그들은 더 이상 그 사실을 숨길 수 없었습니다. 그날 일곱 명의 선녀들은 차례로 술을 따라 아버지께 축하를 드려야 했습니다. 여섯 명의 선녀가 모두 왔는데도 아버지는 일곱째 딸을 보지 못하고 소리쳤습니다.

"일곱째는 어디에 갔느냐?" 여섯 자매는 서로를 바라보며 아무 말도 할 수 없었습니다.

그때 일곱 번째 선녀는 인간 세상에서 베를 짜고 있었습니다. 갑자기 맑은 하늘에서 천둥소리가 들렸습니다. 인간들은 무슨 일이 일어났는지 알 수 없었지만, 일곱 번째 선녀는 아버지가 화가 났다는 것을 알았습니다. 그녀는 아버지가 분명히 자신을 잡으러 보낼 것이고, 만약 즉시 하늘 궁궐로 돌아가지 않으면 안 된다고 생각했습니다. 일곱 번째 선녀는 동시에 사랑하는 남편에게 너무 큰 고통을 주고 싶지 않았기 때문에, 그에게 부탁했습니다.

"여보, 우리가 결혼한 지 벌써 3년 3개월이 되었고, 두 아이도 있어요. 저는 당신과 헤어지고 싶지 않아요. 하지만 저는 선녀 옷을 다시 입어야 해요. 제게 옷을 돌려주세요."

목동은 아내가 진심으로 말하고 있다고 생각하고 그녀에게 옷을 돌려주었습니다.

일 때문에 피곤했던 목동은 누워서 이내 잠이 들었습니다. 남편이 부주의한 틈을 타, 일곱 번째 선녀는 두 아이를 팔에 안았습니다. 그러나 사랑하는 남편을 곧 떠나야 한다는 생각에 그녀는 폭포수 같은 눈물을 흘렸습니다. 그녀는 남편을 바라보며 그에게 절을 했습니다. 그런 다음 그녀는 천천히 하늘 궁궐로 날아갔습니다.

잠에서 깬 목동은 아내와 아이들이 없는 것을 알아차렸습니다. 그는 베틀을 보았지만, 아내는 거기에 앉아 있지 않았습니다. 부엌을 보았지만, 아내는 그곳에도 없었습니다. 온 집안이 고요했습니다. 목동은 일곱 번째 선녀가 하늘 궁궐로 돌아갔다고 생각했습니다. 행복했던 가정이 갑자기 생기를 잃었습니다.

목동은 몹시 슬퍼하며 아내에게 옷을 돌려준 것을 후회했습니다. 그러나 이제 후회해도 소용이 없었습니다. 그는 사슴을 찾는 수밖에 없었습니다.

목동은 전에 사슴을 구했던 곳으로 갔습니다. 그는 사슴을 향해 세 번 불렀습니다. 그가 부르는 소리가 끝나기가 무섭게, 울창한 숲 속에서 사슴이 그에게 달려왔습니다.

사슴을 보자마자 목동은 말하기도 전에 눈물을 흘렸습니다. "제가 모든 것을 이미 알고 있었습니다. 지금 이렇게 된 것입니다. 당신은 슬퍼하지 마세요! 다음 수요일에 다시 천지 호수로 가세요. 그날은 하늘 궁궐에서 물을 길어 올리기 위해 호수로 양동이를 내릴 것입니다. 당신이 그 양동이 안에 앉으면 하늘로 올라갈 수 있고, 당신의 아내와 아이들을 만날 수 있을 것입니다." 그 말을 마치고 사슴은 숲 속으로 다시 들어갔습니다.

목동은 수요일을 기다리고 또 기다렸습니다. 마침내 그날이 왔고, 그는 일찍 천지 호수에 도착했습니다. 그는 하늘을 향해 얼굴을 들고 눈과 목이 아플 때까지 바라보았습니다. 그때 그는 하늘에서 커다란 양동이가 내려오는 것을 보았습니다.

목동은 양동이를 잡고 그 안에 앉았습니다. 잠시 후 양동이는 위로 올라가기 시작했습니다. 그는 귓가에 바람이 부는 소리만 들었고 차가운 기운을 느꼈습니다. 오랜 시간이 지난 후 양동이가 갑자기 멈췄습니다. 오, 그는 이미 하늘 궁궐에 와 있었습니다.

목동이 양동이에서 나오자마자, "아빠!", "아빠!" 하고 부르는 소리가 들렸습니다. 그는 고개를 돌렸고, 그의 두 아들이 날듯이 그에게 달려와 그의 품에 안기는 것을 보았습니다.

목동은 그들의 뺨에 사랑스럽게 입을 맞추고 또 입을 맞추었습니다. 그리고 아이들은 그를 어머니에게로 이끌었습니다.

두 아이는 어머니의 방으로 뛰어 들어가 "엄마, 엄마! 아빠가 오셨어요!" 라고 외쳤습니다.

베틀 앞에 있던 선녀들은 즉시 일어나 그를 에워쌌습니다. 남편을 본 일곱 번째 선녀는 놀라움과 기쁨을 동시에 느꼈습니다. 부부는 서로를 얼싸안고 울며 헤어진 후의 삶에 대해 이야기를 나누었습니다.

목동과 일곱 번째 선녀가 만나자 궁궐의 모든 사람들은 기뻐했지만, 천제와 그의 세 아들은 몹시 괴로웠습니다. 천제는 아무런 이유 없이 목동을 쫓아낼 수 없었기 때문에, 그에게 어려운 문제를 냈습니다. 만약 목동이 문제를 해결할 수 있다면, 그는 자기의 일곱째 딸과 함께 살도록 허락할 것이지만, 그렇지 않다면 그를 홀로 인간 세상으로 쫓아낼 것이었습니다.

얼마나 어려운 문제일까요? 천제는 목동에게 쥐의 왕국으로 가서 인간 가죽 백 장과 인간의 불알 3 되(중국 도량형, 한 되(斗)는 10리터에 해당)를 가져오라고 명령했습니다.

전해지는 바에 따르면, 하늘 궁궐에는 선남선녀뿐만 아니라 다양한 동물들도 살고 있었습니다. 그곳의 쥐들은 고양이만큼 컸고 매우 잔인했습니다. 그들은 하늘 궁궐의 문을 지키며 인간 세상에서 온 사람만을 먹었습니다. 그들은 사람을 보면 즉시 붙잡아 가죽을 벗기고 그 살을 먹었습니다. 목동이 양동이 안에 앉아 하늘 궁궐에 온 것은 다행스러운 일이었습니다. 그렇지 않았더라면, 그는 분명히 쥐들의 먹이가 되었을 것입니다.

목동은 장인어른의 명령을 거역할 용기가 없었습니다. 그는 아내와 아들들에게 작별 인사를 하고 쥐의 왕국으로 떠났습니다. 그가 얼마나 많은 구름을 지나고 며칠을 갔는지 알 수 없지만, 마침내 쥐의 왕국에 도착했습니다.

문에는 두 마리의 큰 쥐가 손에 창을 들고 경비를 서고 있었습니다. 목동은 그들 앞으로 다가가 물었습니다. "저기, 죄송합니다만, 이곳이 쥐의 왕국입니까?"

두 마리의 큰 쥐는 코를 킁킁거리며 냄새를 맡고 지상의 인간 냄새를 느꼈습니다. 그들은 목동을 붙잡고 말했습니다. "어떻게 감히! 어떻게 하늘 궁궐에 왔느냐? 우리 왕에게 가자! 그런 다음 우리는 네 가죽을 벗기고 네 살을 먹을 것이다."

잠시 후 목동은 쥐의 왕국으로 이끌려 갔습니다. 그는

두려움에 떨며 앞으로 걸어가면서 주위를 둘러보았습니다. 오호! 왕국이 얼마나 큰지! 그곳에는 크고 작은, 높고 낮은, 수컷과 암컷, 검고 하얀 셀 수 없이 많은 쥐들이 살고 있었습니다.

목동은 생각했습니다. '나는 이제 끝났구나. 내가 여기서 인간 가죽과 불알을 가져갈 수 있을까? 아마 내 것을 여기다 남겨놓고 가야 할 것 같구나.'

잠시 후, 목동은 커다란 홀에 도착했습니다. 그는 그곳이 분명 왕의 궁전이라고 생각했습니다.

목동이 쥐의 왕국 왕 앞에 섰을 때, 그는 고개를 들었다가 공포에 질려 얼어붙었습니다. 그는 소만큼 큰 그런 쥐를 본 적이 없었습니다. 파란 얼굴에 튀어나온 송곳니, 큰 귀를 가진 그 쥐는 둥글지만 파란 빛을 내는 작은 눈으로 그를 바라보았습니다.

두 마리의 쥐 경비병은 왕 앞에 무릎을 꿇고 말했습니다. "폐하, 방금 저희가 지상에서 온 인간을 붙잡았습니다. 가죽을 벗기고 먹을까요?"

쥐의 왕은 목동을 바라보더니 놀란 듯 "오호" 하고 소리치며 즉시 왕좌에서 일어났습니다. 그리고는 목동 앞으로 다가와 말했습니다. "착하신 주인님, 저를 알아보시겠습니까?"

목동은 왕을 자세히 살펴보다가 마침내 알아보았습니다. "예, 예!"

왜 쥐의 왕은 목동을 "주인님"이라고 불렀을까요? 목동은 어떻게 왕을 알았을까요? 여기에는 사연이 있습니다.

그것은 목동이 일곱 번째 선녀와 결혼하기 전의 일이었습니다. 목동은 어릴 적부터 매우 가난했습니다. 그러나 큰 쥐는 그를 무시하지 않고 자주 그와 함께 놀았습니다. 목동 또한 그 쥐를 매우 좋아했습니다. 그에게 맛있는 것이 생기면, 그는 반드시 그 쥐에게 한 부분을 주었습니다. 쥐는 점점 더 자라 목동과 더욱 친해졌습니다. 매일 아침 목동이 가축을 돌보러 갈 때, 쥐는 그를 멀리까지 배웅했습니다. 저녁에 목동이 집으로 돌아올 때면, 쥐는 일찍이 길에서 그를 기다리고 있었습니다. 하루라도 서로를 보지 못하면 서로를 그리워했습니다.

그러나 목동이 선녀와 결혼하자, 쥐는 목동에게 이미 함께할 사람이 생겼다고 생각했습니다. 게다가 자신은 쥐의 신령이 되었기 때문에, 그는 소리 없이 목동을 떠나 쥐의 왕국으로 와서 그곳의 왕이 되었습니다. 오랫동안 깊은 우정을 쌓았던 그들이 우연히 서로를 만났으니, 어찌 기뻐하지 않을 수 있었겠습니까!

그 광경을 본 쥐 경비병은 아무 말 없이 도망쳤습니다.

쥐의 왕과 목동이 서로 인사를 나눈 후, 쥐의 왕은 목동에게 물었습니다. "왜 편안한 인간 세상을 떠나 우리 왕국에 오셨습니까?"

그 질문에 목동은 너무 괴로워서 눈물을 흘렸습니다. 그는 아내가 아들들과 함께 하늘로 돌아간 일, 자신이 양동이에 앉아 하늘 궁궐에 와서 아내를 만난 일, 그리고 장인

어른이 그에게 얼마나 어려운 문제를 냈는지 등 모든 것을 쥐의 왕에게 말했습니다.

그 말을 들은 쥐의 왕은 웃으며 콧수염을 쓰다듬으며 말했습니다. "그건 쉽습니다. 제가 모든 것을 해결해 드리겠습니다."

그렇게 말하고 쥐의 왕은 왕좌에 앉아 소리쳤습니다.

"얘들아, 이리 오너라!"

"예!" 하는 대답과 함께 많은 작은 쥐들이 몰려왔습니다.

"창고에서 인간 가죽 백 장과 인간의 불알 3 되를 가져오너라."

"예!" 작은 쥐들이 즉시 사라졌습니다.

잠시 후, 쥐들이 찍찍거리며 돌아왔는데, 백 마리의 쥐가 인간 가죽 백 장을 가지고 왔고, 다른 서른 마리의 쥐들이 인간의 불알 3 되를 가지고 왔습니다.

쥐의 왕은 명령했습니다. "얘들아, 잘 들어라! 이분은 나의 수인님이셨다. 이분을 따라가서 이 물건들을 천제의 궁궐에 가져다 드리거라!"

"예!" 작은 쥐들이 한목소리로 대답했습니다.

쥐의 왕에게 작별 인사를 하고, 목동은 쥐들을 이끌고 궁궐로 향했습니다.

그들이 궁궐에 거의 절반쯤 왔을 때, 갑자기 세 마리의 큰 말을 타고 온 천제의 세 아들이 구름 속에서 나타나 칼로 그들을 막아서고 호통을 쳤습니다.

"그 물건들을 놓고 가라!"

쥐의 왕국은 천제의 지배를 받고 있었기 때문에, 작은 쥐들은 천제의 아들들의 명령을 거역할 용기가 없었습니다. 그들은 즉시 물건들을 내려놓고 도망쳤고, 목동만 홀로 남았습니다.

잠시 크게 웃은 후, 천제의 세 아들은 목동에게 말했습니다.

"흥! 너 같은 인간이 어떻게 감히 하늘의 선녀와 함께 살 생각을 하느냐! 그저 꿈일 뿐이다!"

바로 그때, 굉음과 함께 회오리바람이 일어났습니다. 바람은 인간 가죽과 불알을 들어 올려 멀리 날려 보냈습니다. 천제의 아들들은 서둘러 말을 타고 바람을 따라잡으려고 했습니다.

인간 가죽과 불알이 사라진 것을 본 목동은 몹시 슬퍼하며 흐느껴 울었습니다.

갑자기 그는 부스럭거리는 소리를 들었습니다. 그는 눈물을 닦고, 한 장의 종이 조각이 그에게 날아오는 것을 보았습니다. 그는 그것을 잡고 읽었습니다.

"여보, 울지 마세요! 물건들은 내가 이미 가져갔어요. 방금 그 회오리바람은 나의 마법이었어요. 어서 나에게로 오세요!"

목동은 활짝 웃으며 그의 아내에게로 달려갔습니다.

그는 천제의 궁궐로 들어가 장인어른에게 인간 가죽 백 장과 불알 3 되를 건넸습니다. 천제는 너무 놀라 아무 말도 할 수 없었습니다.

한번 쏟은 쌀은 다시 주워 담을 수 있지만, 한번 내뱉은 말은 되돌릴 수 없다는 말이 있습니다. 천제는 목동을 속일 수 없었고, 그 부부가 인간 세상으로 돌아가는 것을 허락할 수밖에 없었습니다.

맑은 날, 일곱 번째 선녀는 여러 색깔의 비단 리본을 인간 세상으로 던졌고, 그것은 아름다운 무지개가 되었습니다. 목동과 선녀는 각각 한 명의 아들을 데리고 무지개 위로 걸어서 천지 호수 기슭으로 내려왔습니다.

그때 사슴은 이미 그곳에서 그들을 기다리고 있었습니다. 사슴은 그들을 등에 태우고 백두산에서 내려왔습니다. 그 이후로 사슴은 목동을 떠나지 않았습니다. 전해지는 바에 따르면, 그때부터 사슴 사육이 지금까지 이어지고 있다고 합니다. 백두산의 조선족들이 지혜롭고 아름다우며 부지런한 것은, 바로 그들이 목동과 선녀의 후손이기 때문이라고 합니다. 조선족들은 언제나 백두산과 천지 호수를 사랑합니다.

Vesto el Cent Birdoj

(de Korea nacio)

Antaŭ jaroj vivis junulo, kaj liaj gepatroj mortis en lia infaneco. Nur ok-jara li jam sin dungis al riĉulo. Li estis lerta ne nur en kultivado, sed ankaŭ en flutado kaj kaptado de paseroj.

La riĉulo havis solfilinon, kiu estis samaĝa kiel la malgranda dungito. Ŝi estis bela, "elstara el cent knabinoj". Kvankam ŝi vivis en riĉa familio, sed tamen ŝi estis sincera kaj bonkora, kaj ankaŭ havis lertajn manojn. Ŝi pleje ŝatis aŭskulti flutadon de la dungito kaj manĝi paserajon kuiritan de li. Kiam la dungito ludis fluton, ŝi absolute ensorbiĝis kaj nenion povis aŭdi kaj fari. Kiam ŝi ricevis paserajon, neniun alian bongustan manĝajon ŝi volis frandi.

La du ŝatoj de la knabino estis kulturitaj de la dungito. Li laboris ĉe ŝia familio dek jarojn, la knabino aŭskultis flutadon kaj manĝis paserajon ankaŭ dek jarojn. En vintraj tagoj la dungito bakis paseron sur karbofajro. La bakaĵo salivige bonodoris, la dungito kaj la knabino ĝin dividis inter si kaj frandis en granda apetito. La knabino tiel ŝatis paserajon, ke ŝi devis frandi ĝin almenaŭ unu fojon en kelkaj tagoj. Kaj kiam ŝi manĝis la paserajon de la dungito, ŝi precipe zorgis pri li. Kiam en ŝia hejmo estis io bongusta, ŝi, evitante siajn gepatrojn, kaŝis ĝin en sian jupon kaj donis ĝin al la dungito.

En palpebruma daŭro la dungito kaj la knabino ambaŭ aĝis dek ok jarojn. La gepatroj de la knabino volis edzinigi ŝin al filo de riĉulo en najbara vilaĝo.

Antaŭvespere de ŝia edziniĝo, la dungito iris al la knabino por kvitigi ŝin. Kia ŝuldo? Ŝi manĝis multe da paserajoj.

Tuj kiam li vidis la knabinon, li diris: "Redonu al mi la paserajojn!"

La knabino konsterniĝis kaj diris: "La paserajoin mi jam manĝis, kiel mi povus redoni?"

La dungito diris paŭtante: "Hm! Pri tio mi ne zorgas! Vi devas redoni al mi la paserajojn!"

"Ĉu li ŝercas pri mi?" la knabino pensis kaj prove demandis: "Ĉu mi povas rekompenci al vi per longa peco da silko teksita de mi mem?"

La junulo kapneis.

"Ĉu mi kudru bonan veston por vi?"

Li ree kapneis.

"Ĉu mi donu al vi la monon kiun mi ricevis pro

datrevenoj de mia naskiĝtago?"

Li ankoraŭ kapneis.

La knabino konsideris, ke li deziras ne la paserojn, sed ŝian koron. "Se mi konsentos edziniĝi al li, eble li kontentos." Tiel la knabino honteme diris: "Mi edziniĝos al vi, ĉu bone?"

Aŭdinte tion, la dungito ridis kaj respondis: "Bone!"

"Kion fari, se miaj gepatroj ne promesos al mi?"

"Ni fuĝu for."

"Kien?"

"Ĉu vi ne ŝatas paserajon? Ni vivu profunde en monto. Ĉiutage mi kaptos birdojn kaj bakos ilin por vi. Bone?"

"Bone!" respondis la knabino. Ŝi haste reiris en sian ĉambron. Feliĉe la gepatroj dormis profunde, ŝi envolvis siajn vestojn kaj iris al la dungito kun la pakaĵo sur la kapo. Tiam la junulo jam atendis ŝin ĉe la malantaŭa pordo. Ili haste kuris en profundan monton en stellumo.

Tie ili geedziĝis kaj starigis pajlan kabanon. La geedzoj manĝis bakitan birdaĵon kaj trinkis el monta rivereto. La ĉarmaj flutsonoj disvastiĝis en la profunda monto, ilia vivo estis dolĉa kiel mielo. Sed nelonge poste okazis malfeliĉo.

La reĝo volis manĝi fazanon kaj sendis grupon

da ĉasistoj al monto por kapti fazanojn. La ĉasistoj neniom kaptis, sed trovis la kabanon. Iu ĉasisto levis la pordan kurtenon kaj ĵetis rigardon enen. Ho! Li miregis, ke en tiel profunda monto vivas tiel ĉarma belulino. Ŝi havas karbenigrajn harojn, diamantajn okulojn; la vizaĝo senornama estas alabastra kaj la lipoj koralaj.

La ĉasistoj sciis, ke la reĝo estas voluptama. Vidinte ŝin, ili tuj flankenmetis la ĉasadon kaj haste reiris kaj raportis al la reĝo, ke ili trovis belegan knabinon en profunda monto.

Tion aŭdinte, la reĝo estis pli ĝoja, ol ke li manĝos fazanon. Li tuj ordonis al siaj soldatoj iri kapti la belulinon.

Tiutage, la dungito kiel kutime iris ĉasi birdojn. La soldatoj subite ĉirkaŭis la kabanon. Kiam ili Intencis ĉirkaŭligi la edzinon de la dungito, ŝi diris al ili: "Ne ligu min. Mi havas piedojn kaj povas iri mem. Sed mi havas peton: lasu min vidi mian edzon kaj diri al li korajn vortojn sen via ĉeesto. Alie, mi preferas morti ĉi tie ol sekvi vin."

La soldatoj cedis al ŝia postulo konsiderante, ke ŝi jam promesis foriri kune kun ili.

Kiam la edzo revenis hejmen, ŝi diris al li evitante la soldatojn: "Vi ne ĉagreniĝu pro mia foriro, sed kaptu cent malsamspecajn birdojn, senhaŭtigu ilin kaj faru veston el iliaj haŭtoj. Vestu vin per tiu vesto kaj ludu fluton ekster la palaco. Tiam ni povos renkontiĝi."

La soldatoj forportis ŝin, kaj la edzo forte malĝojiĝis. Sed li sciis, ke tio ne helpos, ke li devis elpensi rimedon por savi sian edzinon. Tial li ĉiutage iris kapti birdojn laŭ la diro de sia edzino. Kaptinte birdojn li senhaŭtigis ilin kaj el la haŭtoj li kudris veston. En tri monatoj kaj dek tagoj, li sukcesis kapti cent birdojn kaj el iliaj haŭtoj li kudris ĉapon, jakon, pantalonon kaj eĉ ŝuojn. Li vestis sin per ili kaj iris al la palaco de la reĝo kunportante sian fluton.

Oni kondukis la edzinon de la dungito en la palacon, kaj la reĝo raviĝis trovante, ke ŝi vere estas la plej bela en la mondo. Sed ŝi neniam montris sin gaja. La reĝo eluzis tutan povon kaj ĉiujn rimedojn kaj elspezis multe da oro, sed li ankoraŭ ne povis ĝojigi ŝin. Tio forte ĉagrenis la reĝon.

Iutage, la edzino de la dungito subite montris ridetan mienon. Pro kio ŝi ekridis? Ĉar ŝi aŭdis ĉarman flutadon el ekster la palaco. La reĝo trovis, ke ŝi ŝatas aŭskulti flutadon, kaj tuj ordonis al sia subulo venigi la flutanton en la palacon.

Kiam la edzino vidis, ke eniris sia kara edzo, kiu surportis la veston el cent birdoj, ŝi ekridis kaj aplaŭdis.

La reĝo demandis ŝin: "Pro kio vi ridas?"

Ŝi respondis: "Rigardu, kiel belan veston tiu viro portas! Se vi dancos en tiu vesto, vi certe fariĝos la plej bela kaj brava viro en la mondo."

La reĝo estis ĉiamaniere klopodanta por ĝojigi la belulinon. Aŭdinte ŝian diron la reĝo ridis kaj tuj ordonis al la dungito demeti la veston. Tiam la edzino okulsignis al la edzo, kaj li tuj demetis la veston, kaj donis ĝin al la reĝo; ŝi refoje donis okulsignon al la edzo, kaj tiu rapide vestis sin per la reĝa vesto, kiun la reĝo ĵus demetis.

La grasa reĝo vestis sin per la vesto el haŭtoj de cent birdoj, svingiĝis kaj ekdancis. Li opiniis, ke li jam fariĝis la plej brava viro en la mondo. Li dancis pli kaj pli vigle, kvazaŭ li manĝus mielon. Kiam li estis ĝoje dancanta, la edzino flustris ion ĉe la orelo de la dungito. La lasta vestita per reĝa vesto rapide iris al la trono kaj kriis:

"Miaj infanoj!"

"Jes!" ĥore respondis la korteganoj starantaj ambaŭflanke de la trono.

"Forpelu tiun ĉi friponon vestitan per vesto el birdaj haŭtoj!"

"Jes!"

Kutime la korteganoj staris malproksime de la

trono, tial ili ja vidis, ke homo en vesto el birdaj haŭtoj venis en la palacon, kaj ne povis distingi la veran reĝon disde la falsa. Laŭ la ordono de la falsa reĝo, ili forpelis la veran reĝon lin bastonante. De tiam la dungito fariĝis reĝo kaj lia edzino reĝino. Post kiam ŝi fariĝis reĝino, ŝi ankoraŭ preferis paseraĵon al ĉiaj aliaj bongustaĵoj en la mondo. Eble ĝuste pro tio ĝis nun oni ankaŭ havas la ŝaton manĝi paseraĵon.

백 가지 새들의 옷

(조선족)

오래전 한 청년이 살았는데, 어릴 적에 부모를 여의었습니다. 겨우 여덟 살 때부터 부잣집에 일꾼이 되어 일했습니다. 그는 밭일뿐만 아니라 피리 불기, 참새 잡는 솜씨도 뛰어났습니다.

부자에게는 외동딸이 있었는데, 그 어린 일꾼과 나이가 같았습니다. 그녀는 '백 명의 소녀들 중에서 단연 돋보이는' 아름다운 아이였습니다. 부잣집에서 살았지만, 그녀는 순수하고 마음이 착했으며, 손재주도 좋았습니다. 그녀는 특히 일꾼이 부는 피리 소리를 듣고 그가 요리한 참새 요리를 먹는 것을 좋아했습니다. 일꾼이 피리를 불면, 그녀는 완전히 몰입하여 다른 아무 소리도 듣지 못하고 아무것도 할 수 없었습니다. 그가 해준 참새 요리를 받으면, 다른 어떤 맛있는 음식도 먹고 싶어 하지 않았습니다.

소녀의 두 가지 취미는 모두 일꾼에 의해 길러졌습니다. 그가 그 집에서 10년을 일하는 동안, 소녀는 10년 내내 피리 소리를 듣고 참새 요리를 먹었습니다. 추운 겨울날, 일꾼이 숯불에 참새를 구우면 군침이 돌 만큼 좋은 냄새가

났고, 일꾼과 소녀는 그것을 함께 나누어 먹으며 맛있게 즐겼습니다. 소녀는 참새 요리를 너무 좋아해서 며칠에 한 번은 꼭 먹어야 했습니다. 그리고 일꾼이 만든 참새 요리를 먹을 때는 특히 그를 챙겼습니다. 그녀의 집에서 맛있는 것이 있으면, 부모님을 피해 치마 속에 숨겨서 일꾼에게 가져다주었습니다.

눈 깜짝할 새에 일꾼과 소녀는 둘 다 열여덟 살이 되었습니다. 소녀의 부모는 그녀를 이웃 마을 부잣집 아들과 결혼시키려 했습니다.

결혼식 전날 밤, 일꾼은 소녀에게 가서 빚을 갚으라고 말했습니다. 무슨 빚일까요? 그녀가 먹은 많은 참새 요리였습니다.

그는 소녀를 보자마자 말했습니다.

"참새 요리를 돌려주시오!"

소녀는 깜짝 놀라 말했습니다.

"이미 먹어버렸는데, 어떻게 돌려줄 수 있겠어요?"

일꾼은 뽀로통하게 말했습니다. "흥! 그건 상관없소! 반드시 참새 요리를 돌려줘야 하오!"

'그가 나에게 장난치는 건가?' 소녀는 생각하며 조심스럽게 물었습니다.

"제가 직접 짠 긴 비단 조각으로 갚아도 될까요?"

청년은 고개를 저었습니다.

"제가 당신을 위해 좋은 옷을 한 벌 지어줄까요?"

그는 다시 고개를 저었습니다.

"제 생일 때마다 받은 돈을 줄까요?"

그는 여전히 고개를 저었습니다.

소녀는 그가 참새 요리가 아니라 자신의 마음을 원하는 것이라고 생각했습니다. '만약 내가 그와 결혼하겠다고 하면, 그가 만족할지도 몰라.' 그래서 소녀는 부끄러워하며 말했습니다. "제가 당신과 결혼하면 될까요?"

그 말을 들은 일꾼은 웃으며 대답했습니다.

"좋소!"

"만약 저희 부모님이 허락하지 않으면 어떡하지요?"

"우리 도망갑시다."

"어디로요?"

"참새 요리를 좋아하지 않소? 깊은 산속에서 삽시다. 매일 내가 새를 잡아서 당신을 위해 구워줄게요. 좋소?"

"좋아요!" 소녀가 대답했습니다. 그녀는 서둘러 자기 방으로 들어갔습니다. 다행히 부모님은 깊이 잠들어 있었고, 그녀는 옷을 꾸려 머리에 이고 일꾼에게로 갔습니다. 그때 청년은 이미 뒷문에서 그녀를 기다리고 있었습니다. 그들은 별빛 아래에서 서둘러 깊은 산속으로 달려갔습니다.

그곳에서 그들은 결혼하여 초가집을 지었습니다. 부부는 구운 새 고기를 먹고 산속 시냇물에서 물을 마셨습니다. 깊은 산속에 아름다운 피리 소리가 울려 퍼졌고, 그들의 삶은 꿀처럼 달콤했습니다. 그러나 얼마 지나지 않아 불행이 닥쳤습니다.

왕이 꿩을 먹고 싶어 하여 한 무리의 사냥꾼을 산으로

보내 꿩을 잡게 했습니다. 사냥꾼들은 아무것도 잡지 못했지만, 그들의 초가집을 발견했습니다. 한 사냥꾼이 문 커튼을 들고 안을 들여다보았습니다. 오! 그는 이렇게 깊은 산속에 그토록 매력적인 미인이 살고 있다는 것에 경악했습니다. 그녀는 칠흑같이 검은 머리카락, 다이아몬드 같은 눈을 가졌고, 꾸밈없는 얼굴은 옥처럼 하얗고 입술은 산호 같았습니다.

사냥꾼들은 왕이 여색을 밝힌다는 것을 알았습니다. 그녀를 보자마자 그들은 즉시 사냥을 멈추고 서둘러 돌아가 왕에게 깊은 산속에서 아름다운 소녀를 찾았다고 보고했습니다. 그 말을 들은 왕은 꿩을 먹을 때보다 더 기뻐했습니다. 그는 즉시 병사들에게 그 미인을 잡아오라고 명령했습니다.

그날도 일꾼은 평소처럼 새를 잡으러 나갔습니다. 병사들은 갑자기 초가집을 에워쌌습니다. 그들이 일꾼의 아내를 묶으려 하자, 그녀가 그들에게 말했습니다.

"저를 묶지 마세요. 저에게는 발이 있으니 스스로 걸어갈 수 있습니다. 하지만 한 가지 부탁이 있습니다. 남편이 돌아오면 당신들이 없는 곳에서 그에게 마지막 작별 인사를 할 수 있도록 해주세요. 그렇지 않으면 당신들을 따라가는 것보다 여기서 죽는 것을 택하겠습니다."

병사들은 그녀가 이미 함께 가겠다고 약속했으니, 그녀의 요구를 들어주었습니다.

남편이 집으로 돌아왔을 때, 그녀는 병사들을 피해 그에게 말했습니다.

"제가 떠나는 것에 대해 너무 슬퍼하지 마세요. 여러 종류의 백 마리 새를 잡아서 가죽을 벗기고 그 가죽으로 옷을 만드세요. 그 옷을 입고 궁전 밖에서 피리를 불면, 우리가 다시 만날 수 있을 거예요."

병사들은 그녀를 데리고 갔고, 남편은 몹시 슬퍼했습니다. 하지만 그는 슬퍼하는 것이 아무 도움이 되지 않으며, 아내를 구할 방법을 찾아야 한다는 것을 알았습니다. 그래서 그는 아내가 말한 대로 매일 새를 잡으러 갔습니다. 새를 잡으면 가죽을 벗겨 그 가죽으로 옷을 꿰맸습니다. 3개월 10일 만에 그는 백 마리의 새를 잡는 데 성공했고, 그 가죽으로 모자, 윗옷, 바지, 그리고 심지어 신발까지 만들었습니다. 그는 그 옷을 입고 피리를 들고 왕의 궁전으로 갔습니다.

일꾼의 아내는 궁전으로 끌려왔고, 왕은 그녀가 정말로 세상에서 가장 아름다운 여인이라는 것을 알고 매우 황홀했습니다. 그러나 그녀는 결코 즐거운 모습을 보이지 않았습니다. 왕은 모든 권력과 수단을 동원하고 많은 황금을 썼지만, 여전히 그녀를 기쁘게 할 수 없었습니다. 이것은 왕을 몹시 괴롭게 했습니다.

어느 날, 일꾼의 아내가 갑자기 미소를 띠었습니다. 그녀가 왜 웃었을까요? 궁전 밖에서 들려오는 아름다운 피리 소리를 들었기 때문이었습니다. 왕은 그녀가 피리 소리를 듣는 것을 좋아한다는 것을 알고, 즉시 신하에게 피리 부는 사람을 궁전 안으로 데려오라고 명령했습니다.

아내가 백 마리의 새 가죽으로 만든 옷을 입은 사랑하는 남편이 들어오는 것을 보았을 때, 그녀는 웃으며 손뼉을 쳤습니다.

왕이 그녀에게 물었습니다.

"왜 웃는 것이오?"

그녀가 대답했습니다.

"보세요, 저 남자가 입고 있는 옷이 얼마나 아름다운지! 당신이 저 옷을 입고 춤을 춘다면, 분명 세상에서 가장 아름답고 용감한 남자가 될 거예요."

왕은 그 아름다운 여인을 기쁘게 하려고 항상 노력하고 있었습니다. 그녀의 말을 듣자 왕은 웃으며 즉시 일꾼에게 그 옷을 벗으라고 명령했습니다. 그때 아내는 남편에게 눈짓을 보냈고, 그는 즉시 옷을 벗어 왕에게 주었습니다. 그녀가 다시 남편에게 눈짓을 보내자, 남편은 재빨리 왕이 방금 벗은 왕의 옷을 입었습니다.

살찐 왕은 백 마리 새 가죽으로 만든 옷을 입고 덩실거리며 춤을 추기 시작했습니다. 그는 자신이 이미 세상에서 가장 용감한 남자가 되었다고 생각했습니다. 그는 마치 꿀을 먹는 것처럼 기뻐하며 점점 더 활기차게 춤을 추었습니다. 그가 즐겁게 춤을 추고 있을 때, 아내는 일꾼의 귀에 무언가를 속삭였습니다. 왕의 옷을 입은 일꾼은 재빨리 왕좌로 가서 소리쳤습니다.

"내 신하들아!"

"예!"

왕좌 양쪽에 서 있던 신하들이 합창하듯 대답했습니다.

"저 새 가죽 옷을 입은 악당을 쫓아내라!"

"예!"

신하들은 보통 왕좌에서 멀리 떨어져 있었기 때문에, 새 가죽 옷을 입은 사람이 궁전에 들어온 것은 보았지만, 누가 진짜 왕이고 가짜 왕인지 구별할 수 없었습니다. 가짜 왕의 명령에 따라 그들은 진짜 왕을 곤봉으로 때리며 쫓아냈습니다. 그때부터 일꾼은 왕이 되었고, 그의 아내는 왕비가 되었습니다. 왕비가 된 후에도 그녀는 세상의 다른 어떤 맛있는 음식보다 참새 요리를 더 좋아했습니다. 아마도 바로 이 때문에 지금까지도 참새 요리를 즐겨 먹는 습관이 남아 있는지도 모릅니다.

Jindalai[6]

(de Korea nacio)

Ĉiuj scias, ke rododendro la unua floras en printempo. Oni ŝatas ne nur la floron, sed ankaŭ la rakonton pri ĝi.

Antaŭe en iu montvilaĝo vivis paro da maljunaj geedzoj. Ili havis solfilinon nomatan Dalai. Ĉiutage ŝi iris sur la monton por kolekti brullignon. Sur la suda deklivo de la monto loĝis forta junulo nomata Jinyu. Li kaj Dalai ofte renkontiĝis sur la monto kaj sekve amikiĝis. Ofte kiam Dalai havis pezajn faskojn da brulligno, Jinyu dividis kun ŝi la ŝarĝon. Li helpis ŝin porti la brullignon ĝis ŝia hejmo tra dekkelke da km. da kruta kaj glitiga montvojo. Atinginte ŝian hejmon, li demetis la brullignon, deviŝis la ŝviton kaj tuj foriris sen diri ion.

La familio de Dalai estis tiel malriĉa ke ili multe ŝuldis al riĉulo. La riĉulo havis filon. De kiam li informiĝis, ke Dalai estis tre bela kaj lerta en teksado kaj brodado, li ĉiam revis edziĝi al ŝi.

---

6) Jindalai (ĝindalaj) estas rododendro en la kore-nacia lingvo.

Iutage, la filo de la riĉulo vestis sin per la plej luksa vesto kaj, kun ventumilo en la mano, iris al la hejmo de Dalai por kvitigi la familion je la ŝuldo. Sed efektive li kaŝe kunportis multe da oro kaj arĝento kaj ankaŭ pakon da silko. Enirinte en la domon, li diris:

"Pagu al mi la terrenton kaj ŝuldojn!"

La malriĉaj geedzoj jam ne povis sin vivteni, per kio do ili povus kovri la ŝuldojn? Ili embarase diris:

"Vere ni havas nenion por pagi la ŝuldojn. Ĉe ni nur restas faskoj da malseka brulligno."

La filo de la riĉulo konsideris, ke venis la ŝanco, kaj tuj elmetis oron kaj arĝenton dirante:

"Nun ne pagu al mi la ŝuldojn, sed vi aĉetu manĝaĵon per la oro kaj arĝento!"

Je tio li malvolvis la pakon kaj diris:

"Tio estas la plej bona silko, faru el ĝi veston kaj jupon por Dalai."

La riĉulo neniam antaŭe estis tiel bonkora, ke li ne kiel kutime kvitigis ŝuldantojn, sed donacis tiel multe da oro, arĝento kaj silkoj. La geedzoj travidis lian fiintencon. Antaŭ ol ili trovis tempon por rifuzi al li, Dalai kaj Jinyu revenis hejmen kunportante pezajn faskojn da brulligno. Enirinte en la ĉambron, Dalai vidis la amason da oro, arĝento kaj silkoj sur terlito.

"De kie ili venis?" Dalai demandis.

La filo de la riĉulo tuj aliris al Dalai por flati sin. Antaŭ ol li malfermis la buŝon, Dalai kaptis la oron, arĝenton kaj silkojn, kaj forĵetis ilin sur la sterkamason ekster la ĉambro. La filo de la riĉulo volis sakri, sed kiam li vidis la indignan rigardon de Dalai kaj la fortan Jinyu apud ŝi, li timiĝis, reprenis la oron, arĝenton kaj silkojn de sur la sterkamaso kaj rapide kuris al sia hejmo.

La sekvan tagon, la riĉulo sendis sian serviston al la hejmo de Dalai. Li diris, ke Dalai devis konsenti edziniĝi al lia juna mastro en tri tagoj. Post la datlimo la mastro sendos forkapti ŝin.

Tiutempe, Dalai diris al siaj gepatroj: "Mi preferas morti ol edziniĝi al la familio de la riĉulo! Mi havas amaton Jinyu, loĝantan ĉe la suda montdeklivo."

La gepatroj tiel ĉagreniĝis, ke ili sendormis plurajn noktojn. Ankaŭ Jinyu informiĝis pri tio kaj iris al Dalai. Ili kune iradis tien kaj reen sur la montvojo, kiun ili iris ĉiutage por kolekti brullignojn. Kien ili povis iri? Ili demandis blankan gruon flugantan sur la ĉielo, kaj tiu diris al ili: "Super la ĉielo troviĝas aliaj naŭ ĉieloj, ĉu tie ne estas vojo por vi?" Ili demandis malgrandan cervon. Ĝi diris: "Post arbaro troviĝas pli densa arbarego, ĉu tie ne estas loĝloko por vi?" Tiel ili decidis, ke en la mateno kiam la filo de riĉulo venos forkapti ŝin, ili kune iros al la granda densarbaro ekster naŭ ĉieloj.

Kiam venis la tria tago, Dalai vestis sin per rozeta jako. Ŝi kaj Jinyu mano en mano, kvazaŭ paro da papilioj, rapide kuris en la densan arbaron. La riĉulo kun siaj servistoj la paron postkuris, sed ili estas jen faligitaj de ŝtonoj, jen glitigitaj de musko, jen pikitaj de dorno. En palpebruma daŭro Jinyu kaj Dalai malaperis.

La riĉulo bruligis la monton. Li pensis, ke ili certe elkuros por fuĝi. Sed kiam la fajrego forbruligis la tutan arbaron, Jinyu kaj Dalai ankoraŭ ne montriĝis.

Post kiam la fajrego estingiĝis, la riĉulo kaj liaj servistoj traserĉis sur la monto, ili ne trovis eĉ ilian ombron. Fine ili malgaje forlasis la monton.

De tiam Jinyu kaj Dalai neniam reiris hejmen. La malriĉaj geedzoj iris sur la monton serĉi sian filinon kaj la diligentan junulon, sed ankaŭ ilin ne trovis. Tiam estis printempo. Sur la monto prosperis multe da belaj rozetaj floroj. La geedzoj supreniris sur la montpinton kaj vidis du grandajn florojn pompantajn vizaĝon kontraŭ vizaĝo. Ili kvazaŭ vidus siajn karajn filinon kaj bofilon kaj milde kriis:

"Jen niaj Jinyu kaj Dalai!"

Tiam la du grandaj floroj fariĝis pli belaj kaj aromigis la montvalon.

Laŭdire, la floro, kiu la unua floras en printempo, estas Jinyu kaj Dalai. Poste oni kunigis iliajn nomojn kaj nomis tian floron "Jindalai".

진달래

(조선족)

진달래가 봄에 가장 먼저 피는 꽃이라는 것을 모두 알고 있습니다. 사람들은 그 꽃뿐만 아니라, 그에 얽힌 이야기도 좋아합니다.

옛날 어느 산골 마을에 노부부가 살고 있었습니다. 그들에게는 달래라는 외동딸이 있었습니다. 그녀는 매일 산에 올라가 땔감을 모으곤 했습니다. 산의 남쪽 비탈에는 진위라는 건장한 청년이 살고 있었습니다. 그와 달래는 산에서 자주 만났고, 이내 서로 친구가 되었습니다. 달래가 무거운 땔감 묶음을 가지고 있을 때면, 진위가 종종 짐을 나누어 들었습니다. 그는 가파르고 미끄러운 산길을 10여 킬로미터나 걸어 달래가 집까지 땔감을 옮기도록 도와주었습니다. 그녀의 집에 도착하면, 그는 땔감을 내려놓고 땀을 닦은 뒤, 아무 말 없이 곧바로 돌아가곤 했습니다.

달래의 집은 너무 가난해서 부자에게 많은 빚을 지고 있었습니다. 부자에게는 아들이 하나 있었는데, 달래가 매우 아름답고 베 짜기와 수놓는 솜씨가 뛰어나다는 것을 알게 된 후부터 부자의 아들은 항상 그녀와 결혼할 꿈을 꾸었습니다.

어느 날, 부자의 아들은 가장 화려한 옷을 입고 손에 부채를 든 채, 달래의 집으로 가서 빚을 청산하겠다고 말했습니다. 하지만 사실 그는 몰래 많은 금과 은, 그리고 비단 묶음을 가지고 갔습니다. 집에 들어서자, 그는 말했습니다.

"지대(地代)와 빚을 갚으시오!"

가난한 노부부는 자신들의 생계도 꾸리기 어려웠는데, 어떻게 빚을 갚을 수 있었겠습니까? 그들은 난감해하며 말했습니다.

"정말로 저희는 빚을 갚을 것이 아무것도 없습니다. 저희에게는 젖은 땔감 묶음밖에 남아 있지 않습니다."

부자의 아들은 기회가 왔다고 생각하고는 즉시 금과 은을 꺼내며 말했습니다.

"지금은 빚을 갚지 마시오. 대신 이 금과 은으로 먹을 것을 사시오!"

그는 이어서 비단 묶음을 펼치며 말했습니다.

"이것은 가장 좋은 비단이니, 이것으로 달래의 옷과 치마를 만들어 주시오."

부자가 이렇게 친절했던 적은 한 번도 없었습니다. 그는 평소처럼 빚진 사람들에게 빚을 갚으라고 재촉하지 않고, 이렇게 많은 금과 은, 그리고 비단까지 선물했습니다. 노부부는 그의 불순한 의도를 꿰뚫어 보았습니다. 그들이 거절할 틈도 없이, 달래와 진위가 무거운 땔감 묶음을 가지고 집으로 돌아왔습니다. 방에 들어선 달래는 방바닥에 쌓여 있는 금과 은, 비단을 보았습니다.

"이것들은 어디서 난 거예요?" 달래가 물었습니다.

부자의 아들은 즉시 달래에게 다가가 아첨을 하려 했습니다. 하지만 그가 입을 열기도 전에, 달래는 금과 은, 비단을 집어 방 밖의 거름 더미 위로 던져버렸습니다. 부자의 아들은 욕을 하려 했지만, 달래의 분노에 찬 눈빛과 그녀 옆에 서 있는 건장한 진위를 보고는 겁에 질렸습니다. 그는 거름 더미 위에서 금과 은, 비단을 주워들고 서둘러 자기 집으로 돌아갔습니다.

다음 날, 부자는 자신의 하인을 달래의 집으로 보냈습니다. 그는 달래가 사흘 안에 그의 어린 주인과 결혼하는 것에 동의해야 한다고 말했습니다. 기한이 지나면 주인이 그녀를 납치하러 보낼 것이라고 했습니다.

그때 달래는 부모님께 말했습니다.

"부잣집에 시집가느니 차라리 죽는 게 나아요! 저는 남쪽 산비탈에 사는 진위라는 사랑하는 사람이 있어요."

부모님은 너무 괴로워 여러 날 밤을 잠 못 이루셨습니다. 진위 또한 이 소식을 듣고 달래에게로 갔습니다. 그들은 매일 땔감을 모으러 다녔던 산길을 함께 오가며 고민했습니다.

'과연 어디로 갈 수 있을까?'

그들은 하늘을 나는 흰 두루미에게 물었고, 두루미는 그들에게 말했습니다.

"하늘 위에는 또 다른 아홉 개의 하늘이 있는데, 그곳에 너희를 위한 길이 없겠니?"

그들은 작은 사슴에게 물었고, 사슴은 말했습니다.

"숲 너머에는 더 깊은 숲이 있는데, 그곳에 너희가 살 곳이 없겠니?"

그렇게 그들은 부자의 아들이 그녀를 납치하러 오는 아침, 아홉 개의 하늘 너머에 있는 크고 울창한 숲으로 함께 가기로 결정했습니다.

사흘째 되는 날, 달래는 분홍색 저고리를 입었습니다. 그녀와 진위는 나비 한 쌍처럼 손을 잡고 울창한 숲 속으로 재빨리 달려갔습니다. 부자는 하인들과 함께 그들을 뒤쫓았지만, 그들은 돌에 걸려 넘어지기도 하고, 이끼에 미끄러지기도 하며, 가시에 찔리기도 했습니다. 눈 깜짝할 사이에 진위와 달래는 사라졌습니다.

부자는 산에 불을 질렀습니다. 그는 그들이 도망치기 위해 분명히 뛰쳐나올 것이라고 생각했습니다. 그러나 큰불이 숲 전체를 태워버렸는데도 진위와 달래는 여전히 나타나지 않았습니다.

불길이 꺼진 후, 부자와 그의 하인들은 산을 샅샅이 뒤졌지만, 그들의 그림자조차 찾지 못했습니다. 결국 그들은 슬퍼하며 산을 떠났습니다.

그 이후로 진위와 달래는 다시 집으로 돌아오지 않았습니다. 가난한 노부부는 딸과 성실한 청년을 찾아 산에 올랐지만, 그들도 찾을 수 없었습니다. 그때는 봄이었습니다.

산에는 아름다운 분홍색 꽃들이 만발해 있었습니다. 노부부가 산 정상에 올라가 보니, 두 개의 큰 꽃이 서로 얼굴을 마주하고 활짝 피어 있었습니다. 그들은 마치 사랑하는 딸과 사위를 본 것처럼 부드럽게 소리쳤습니다.

"이것은 우리의 진위와 달래로구나!"

그때 두 개의 큰 꽃은 더욱 아름다워졌고, 산골짜기에 향기를 가득 풍겼습니다.

전해지는 바에 따르면, 봄에 가장 먼저 피는 꽃이 바로 진위와 달래라고 합니다. 나중에 사람들은 그들의 이름을 합쳐 그 꽃을 진달래라고 부르게 되었다고 합니다.

Tianchi-lago

(de Korea nacio)

Laŭdire, antaŭ tre longe, en la montaro Changbai vivis juna ĉasisto nomata Chiyong, kiu povis piediri mil km. en unu tago kaj estis ekstreme lerta en arkopafado.

Ĉiutage Chiyong ĉasis sur la montoj. Iun tagon, kiam li ripozis sin apogante al granda pino, subite leporo elkuris el herbaro alta ĝis la homa talio. La leporo havis aspekton eksterordinaran, ke la okuloj estis brilaj kiel glazuro kaj la hararo blanka kiel neĝo. Ĝi estis lerta kiel hirundo en flugo. Chiyong ĉasadis sur la montaro Changbai multe da jaroj, sed li neniam vidis tiel belan leporon. Li volis kapti ĝin por bredi. Li portis arkon oblikve sur la ŝultro kaj fluge postkuris la leporon. La leporo kuris pli kaj pli rapide, kaj Chiyong postkuris pli kaj pli urĝe. Kiam li kuris ĉe la lagon sur la pinto de la montaro Changbai, la leporo malaperis en palpebruma daŭro. Li, surprizita, rigardis ĉirkaŭen. Subite li aŭdis krion: "Helpu! Helpu min!" Laŭ la krio li vidis, ke ĉe kruta roko granda tigro estis ĵetiĝonta al svelta knabino.

Vidinte tion, Chiyong streĉis sian arkon kaj pafis al la tigro tri sagojn. La tri sagoj trafis ĝuste en la koron de la tigro. La tigro kun agonia krio falis teren kaj mortis post mallonga baraktado. Chiyong rapide kuris al la knabino kaj vidis, ke la knabino kuŝis svene surtere. Ŝia vizaĝo pala, kaj la ŝultroj sangantaj de vundo de la tigraj ungegoj. Chiyong prenis lagakvon per la manoj kaj lavis al ŝi la vundojn. Kiel mirige! La vundoj tuj ĉesis sangi. Chiyong denove prenis la akvon kaj malrapide verŝis ĝin en ŝian buŝon. La knabino iom post iom ruĝiĝis kaj malfermetis la ĉarmajn okulojn.

Reakirinte la konscion, la knabino vidis, ke antaŭ si staras forta juna ĉasisto kun bela vizaĝo kaj apud si kuŝas mortigita tigro. Brilaj larmoj perlis sur ŝiaj vangoj. Chiyong zorge rigardis la knabinon kaj trovis, ke ŝi vestis sin per neĝblanka jupo, ŝia nigra hararo falis malsupren ĝis la koksoj, la brovoj arkis kiel salikaj folioj, la okuloj brilaj kiel steloj, kaj la lipoj ruĝaj kiel koralo. Chiyong miris, ke en tiu sovaĝa montaro vivas tiel bela knabino, Li demandis ŝin: "Ĉu mi povus scii vian nomon? Kial vi sola venis ĉi tien?" La knabino timide respondis: "Mi estas Tiannŭ (ĉiela knabino). Mi aŭdis, ke la montoj Changbai estas pitoreskaj, la klifoj apikaj, la lago klara, birdoj multaj, floroj ĉarmaj. Tial mi kaŝe evitis la Ĉielan Imperiestron kaj venis kune kun la sep feinoj. Ni amuziĝis, banis nin en la lago. Poste la sep feinoj lasis min aliformiĝi en leporon por serĉi senmortigan herbon ĉe montpiedo. Sed apenaŭ mi malsupreniris de la monto, mi renkontis la tigron..."

En interparolado Tiannŭ sciis, ke Chiyong ankoraŭ ne edziĝis. Ŝi enamiĝis en tiun bravan, bonkoran kaj saĝan junulon kaj proponis, ke ŝi edziniĝu kun li. Chiyong konsideris, ke ŝi estas sincera, kaj ĝoje konsentis edziĝi kun ŝi.

La patrola dio informiĝis pri la geedziĝo de Tiannŭ kaj Chiyong, kaj tuj raportis tion al la Ĉiela Imperiestro. Tiu ĉi eksplodis de kolerego kaj diris al la patrola dio: "La ĉielo havas sian leĝon. Ĉu ĉiela knabino povus edziniĝi sin al karnulo sur la tero? Kiel aŭdaca malobeo! Vi tuj malsupreniru al la tera mondo kaj venigu ŝin al la Ĉiela Palaco! Se ŝi malobeos tion, ŝi estos punata laŭ la ĉiela leĝo." La patrola dio malsupreniris al la montaro Changbai kaj trovis Tiannŭ antaŭ ĉaleto. Li transdiris al ŝi la ordonon de la Imperiestro. Tamen ŝi sentime diris: "Chiyong estas mia savanto. Por esprimi mian dankon, mi preferos morti ĉe li ol reiri al la ĉielo." La patrola dio revenis al la Ĉiela Palaco kaj raportis tion al la Ĉiela Imperiestro. Audinte tion la

Imperiestro tremis de kolerego kaj pensis: Se mi ne mortigos Chiyong, Tiannŭ ne povos reveni al la Ĉiela Palaco. Tial li alvokis neĝan dion kaj ordonis al li bloki la montojn per neĝego kaj frostmortigi Chiyong. Laŭ la ordono de la Ĉiela Imperiestro, la neĝa dio faris sian tutan magion kaj faligis neĝon dum 49 tagoj. La neĝego kovris la montojn kaj ĉaleton. Malgraŭ tranĉa vento Tiannŭ kaj Chiyong faris vojon en dika neĝo kaj transloĝiĝis en kavernon sur alta krutaĵo, kunportante tigran felon kaj bestajn viandojn.

Post neĝado Chiyong denove ĉasis sur la monto. Sciinte, ke la neĝa dio ne povis frostmortigi Chiyong, la Ĉiela Imperiestro ordonis al la venta dio forblovi Chiyong en valon. Laŭ la ordono, la venta dio venis al la monto. Kiam Chiyong estis trapasanta la montpasejon, la venta dio malfermis sian grandan buŝon kaj faris fortan venton. Li blovadis 49 fojojn, sed ne sukcesis blovi Chiyong en valon. En malsukceso li revenis al la Ĉiela Palaco.

Aŭdinte la raporton de la venta dio, la Ĉiela Imperiestro fariĝis pli furioza. Li alvokis tondran dion kaj fulman diinon kaj ordonis al ili mortigi Chiyong per tondro kaj fulmo. Ili ne havis la kuraĝon spiti la ordonon, kaj senprokraste venis al la montaro Changbai. Tiam la ĉiela knabino estis kolektanta legomojn ĉe la lago kaj Chiyong estis persekutanta cervon sur la monto. La tondra dio kaj fulma diino postkuris Chiyong kaj faris 48 sinsekvajn fulmotondrojn. Sed ili ne difektis eĉ hareton de Chiyong. Kiam li kuris sur la montpinton kaj streĉis arkon, la tondra dio kaj la fulma diino direktis fortan fulmotondron sur la kapon de Chiyong. Li tuj rulfalis malsupren de la montpinto. Tion vidinte Tiannǔ ploris korŝire. Ŝi ploradis 49 tagojn ĉirkaǔpremante la korpon de Chiyong, kaj prenis akvon el la lago kaj verŝis sur lian korpon 49 fojojn. Sed Chiyong jam ne povis reviviĝi. En malĝojego kaj malespero Tiannǔ decidis morti kune kun Chiyong. Ŝi levis la kadavron de Chiyong kaj ĵetis sin en la klaran lagon.

La tragedio tiel malĝojigis la feinojn, ke iliaj larmoj fonte ŝprucis. La larmoj falis en la lagon, kaj la akvo de la lago subite leviĝis 49 futojn, superbordiĝis en la nordo kaj elfluis tra montpasejo formante imponan akvofalon.

Por memori Tiannǔ kaj Chiyong, oni nomis la lagon "Tian Chi", prenante po unu silabon el iliaj nomoj.

천지 호수

(조선족)

전해지는 바에 따르면, 아주 오래전에 백두산에 지용이
라는 젊은 사냥꾼이 살았다고 합니다. 그는 하루에 천 리
를 걸을 수 있었고, 활 쏘는 솜씨가 매우 뛰어났습니다.

지용은 매일 산에서 사냥을 했습니다. 어느 날, 그가 큰
소나무에 기대어 쉬고 있는데, 갑자기 사람 허리까지 오는
풀숲에서 한 마리의 토끼가 뛰쳐나왔습니다. 그 토끼는 옥
처럼 빛나는 눈과 눈처럼 하얀 털을 가진, 매우 특별한 모
습을 하고 있었습니다. 날아가는 제비처럼 재빨랐습니다.
지용은 백두산에서 수년 동안 사냥을 했지만, 이렇게 아름
다운 토끼는 본 적이 없었습니다. 그는 그 토끼를 잡아서
기르고 싶었습니다. 그는 활을 어깨에 비스듬히 메고 토끼
를 쏜살같이 쫓아갔습니다. 토끼는 점점 더 빨리 달렸고,
지용은 더욱 급하게 뒤쫓았습니다. 그가 백두산 정상의 호
수 근처에 다다랐을 때, 토끼는 눈 깜짝할 사이에 사라졌
습니다. 그는 놀라서 주위를 둘러보았습니다. 그때 갑자기
"살려줘! 살려줘!" 라는 비명이 들렸습니다. 그 소리를 따
라가 보니, 가파른 바위 근처에서 큰 호랑이가 한 연약한

소녀에게 막 달려들려는 참이었습니다.

　그 모습을 본 지용은 활을 당겨 호랑이에게 세 발의 화살을 쏘았습니다. 세 발의 화살은 정확히 호랑이의 심장에 박혔습니다. 호랑이는 고통스러운 울부짖음을 내며 땅에 쓰러졌고, 잠시 발버둥치다 죽었습니다. 지용은 재빨리 소녀에게 달려갔고, 소녀는 땅에 기절해 누워 있었습니다. 그녀의 얼굴은 창백했고, 호랑이의 발톱에 긁힌 어깨에서 피가 흐르고 있었습니다. 지용은 손으로 호수 물을 떠서 그녀의 상처를 씻어주었습니다. 놀랍게도! 상처에서 즉시 피가 멈췄습니다. 지용은 다시 물을 떠서 그녀의 입에 천천히 부어주었습니다. 소녀의 얼굴은 서서히 혈색이 돌아왔고, 사랑스러운 눈을 살짝 떴습니다.

　의식을 되찾은 소녀는 자신의 앞에 잘생긴 얼굴을 가진 건장한 젊은 사냥꾼이 서 있고, 옆에는 죽은 호랑이가 누워 있는 것을 보았습니다. 그녀의 뺨 위로 맑은 눈물이 흘러내렸습니다. 지용은 소녀를 자세히 바라보았고, 그녀가 눈처럼 하얀 치마를 입고, 검은 머리카락이 허리까지 내려와 있으며, 버들잎처럼 굽은 눈썹과 별처럼 빛나는 눈, 산호처럼 붉은 입술을 가졌다는 것을 알게 되었습니다. 지용은 이 험한 산중에 이렇게 아름다운 소녀가 살고 있다는 것에 놀랐습니다. 그는 소녀에게 물었습니다.

　"이름이 무엇인지 알 수 있을까요? 왜 이곳에 혼자 오셨나요?"

　소녀는 수줍게 대답했습니다.

"저는 천녀(天女, 하늘의 소녀)입니다. 백두산이 경치가 아름답고, 절벽이 가파르며, 호수가 맑고, 새들이 많고, 꽃들이 예쁘다고 들었습니다. 그래서 몰래 천제(天帝)를 피해 일곱 명의 선녀들과 함께 이곳으로 왔습니다. 우리는 즐겁게 놀고 호수에서 목욕을 했습니다. 그 후 일곱 선녀들은 저에게 산기슭에서 불사초(不死草)를 찾아오라며 토끼로 변신하라고 했습니다. 하지만 산에서 내려오자마자 저는 호랑이를 만났습니다."

대화를 나누면서 천녀는 지용이 아직 결혼하지 않았다는 것을 알게 되었습니다. 그녀는 이 용감하고, 착하고, 지혜로운 청년에게 사랑에 빠졌고, 그에게 결혼하자고 제안했습니다. 지용은 그녀가 진심이라고 생각하고 기쁘게 결혼에 동의했습니다.

순찰의 신(神)은 천녀와 지용의 결혼 소식을 듣고, 즉시 그 사실을 천제에게 보고했습니다. 천제는 분노에 휩싸여 순찰의 신에게 말했습니다.

"하늘에는 하늘의 법도가 있다. 어찌 하늘의 소녀가 지상의 인간과 결혼할 수 있단 말이냐? 얼마나 오만한 불복종인가! 너는 즉시 지상으로 내려가 그녀를 하늘 궁궐로 데려와라! 만약 그녀가 거역하면 하늘의 법에 따라 처벌할 것이다."

순찰의 신은 백두산으로 내려와 작은 오두막집 앞에서 천녀를 발견했습니다. 그는 그녀에게 천제의 명령을 전했습니다. 그러나 그녀는 두려움 없이 말했습니다.

"지용은 저의 생명의 은인입니다. 저의 감사를 표현하기 위해서라도 하늘로 돌아가기보다는 그와 함께 죽는 것을 택하겠습니다."

순찰의 신은 하늘 궁궐로 돌아가 천제에게 그 사실을 보고했습니다. 그 보고를 들은 천제는 분노에 떨며 생각했습니다. '지용을 죽이지 않으면 천녀는 하늘 궁궐로 돌아오지 않을 것이다.' 그래서 그는 눈의 신을 불러 백두산에 폭설을 내려 지용을 얼어 죽이라고 명령했습니다. 천제의 명령에 따라 눈의 신은 그의 모든 마법을 사용하여 49일 동안 눈을 내리게 했습니다. 폭설이 산과 오두막집을 뒤덮었습니다. 살을 에는 바람에도 불구하고 천녀와 지용은 두꺼운 눈 속에서 길을 내어 호랑이 가죽과 짐승 고기를 가지고 높은 절벽에 있는 동굴로 거처를 옮겼습니다.

눈이 그친 후에도 지용은 다시 산에서 사냥을 했습니다. 눈의 신이 지용을 얼어 죽이지 못했다는 것을 알게 된 천제는 바람의 신에게 지용을 계곡으로 날려버리라고 명령했습니다. 명령에 따라 바람의 신은 산으로 왔습니다. 지용이 산길을 지나고 있을 때, 바람의 신은 그의 큰 입을 벌려 강한 바람을 일으켰습니다. 그는 49번이나 바람을 불었지만, 지용을 계곡으로 날려 보내는 데 실패했습니다. 그는 실패한 채 하늘 궁궐로 돌아갔습니다.

바람의 신의 보고를 들은 천제는 더욱 분노했습니다. 그는 천둥의 신과 번개의 여신을 불러 천둥과 번개로 지용을 죽이라고 명령했습니다. 그들은 명령을 거역할 용기가 없어 즉시 백두산으로 왔습니다. 그때 천녀는 호수 근처에서 채소를 캐고 있었고, 지용은 산에서 사슴을 쫓고 있었습니다. 천둥의 신과 번개의 여신은 지용을 뒤쫓아 48번의 연속적인 천둥 번개를 내리쳤습니다. 그러나 그들은 지용의 머리카락 한 올도 다치게 하지 못했습니다. 그가 산 정상으로 달려가 활을 당겼을 때, 천둥의 신과 번개의 여신은 지용의 머리 위로 강한 천둥 번개를 내리쳤습니다. 그는 즉시 산 정상에서 굴러 떨어졌습니다. 그 모습을 본 천녀는 가슴 아프게 울었습니다. 그녀는 49일 동안 지용의 시신을 부둥켜안고 울었으며, 호수에서 물을 떠서 그의 몸에 49번을 부었습니다. 그러나 지용은 이미 되살아날 수 없었습니다. 깊은 슬픔과 절망 속에서 천녀는 지용과 함께 죽기로 결심했습니다. 그녀는 지용의 시신을 안고 맑은 호수 속으로 몸을 던졌습니다.

이 비극은 선녀들을 너무 슬프게 하여 그들의 눈물이 샘물처럼 솟아났습니다. 눈물은 호수 속으로 떨어졌고, 호수 물은 갑자기 49척이나 높아져 북쪽으로 넘쳐흘러 장엄한 폭포를 이루었습니다.

천녀와 지용을 기억하기 위해, 사람들은 그들의 이름에서 한 글자씩 따서 그 호수를 천지라고 불렀습니다.

Suna-Luna Monto

(de Manĉura nacio)

En Changbai-montaro estas Suna-Luna Monto. Rigardate de malproksime, ĝi aspektas kiel knabino preĝanta vizaĝe al la oriento, Sed post atenta pririgardo oni miras, ke ĝi havas nazon, buŝon kaj orelojn, sed ne okulojn.

Por kio ŝi preĝas? Kaj kial ŝi ne havas la okulojn?

Tio okazis en la prahistoria tempo.

Tiam en la universo ne estis la suno, la luno, nek la steloj. La tuta mondo estis en mallumo, regis morta silento, kompreneble, ne ekzistis ia ajn vivaĵo.

Iun tagon, diris la plej juna filino al la dio: "Paĉjo, kiel mallume estas sur la tero! Vi devas heligi ĝin."

Nenion diris la dio kaj skuis sian kapon.

Alian tagon, ŝi refoje petis la dion: "Paĉjo, sur la tero estas tro malvarme. Vi devas varmigi ĝin."

Sed li denove skuis la kapon kaj nenion diris.

La trian fojon ŝi petis: "Paĉjo, kiel dezerte sur la

tero. Vi devas vigligi ĝin."

La dio tediĝis kaj foriris skuante sian kapon.

La feino koleriĝis kaj elŝteliĝis de sur la ĉielo. Flugante sur nubo, ŝi venis sur la teron, Changbai-monton.

Kiel alta estis la monto, sed tie estis nur grandaj ŝtonoj.

Tie ne estis arbo, nek floro, herbo, birdo kaj besto...

Sur la monto ŝi senĉese vagis pensante kiel lumigi, varmigi kaj vigligi la teron. Jam tiom longe ŝi cerbumadis, sed ŝi nenion bonan elpensis.

Neniu sciis, kiom longe ŝi restis sur la tero. Kiam la dio informiĝis pri ŝia faro, li forte koleriĝis. Li ordonis malpermesi al ŝi reveni al la ĉielo.

La feino havis obstinan temperamenton. Ŝi decidis ŝanĝi la malhelan, malvarman kaj senvivan teron. Ŝi longe cerbumadis, kaj fine trovis rimedon: Ŝi rimarkis, ke ŝiaj okuloj estas brilaj, kaj brila ankaŭ la kolĉeno el gemoj.

La feino pensis: "Se la okulojn mi supren ĵetos sur la ĉielon, ili certe lumigos la teron. Tiam certe varmiĝos sur la tero, kaj iom post iom kreskos floroj, herboj, arboj, insektoj, fiŝoj, birdoj, bestoj ..."

Sed kian suferon ŝi devis sperti! Sen okuloj ŝi nenion povos vidi. Ŝi denove pensadis.

Fine ŝi faris decidon. Ŝi elprenis la maldekstran okulon kaj forĵetis ĝin sur la ĉielon. Tuj aperis sur la ĉielo la brila suno.

Sed la suno iris duonronde sur la ĉielo kaj malrapide subiris post la okcidenta monto, kaj sur la tero denove regis mallumo. Ŝi do eligis la dekstran okulon kaj ĝin ĵetis sur la ĉielon. Tuj poste la luno aperis sur la ĉielo. Sed ĝi ne estis sufiĉe hela. Ĉio sur la tero estis ankoraŭ neklara. Ŝi do ĵetis sian kolĉenon sur la ĉielon. La gemoj tuj fariĝis sennombraj steloj. Tiuj steloj glimis kaj la tero multe lumiĝis.

La feino perdis la okulojn, kaj ne povis moviĝi eĉ unu paŝon. Antaŭe la kolĉeno estis por ŝi trezoro, kiu ebligis al ŝi rajdi sur nubo kaj nebulo. Sen ĝi ŝi ne povis reiri al la ĉielo. Ŝi devis resti tie senmove malgraŭ vento, pluvo kaj sunlumo. Iom post iom malfortiĝis ŝia spirado, pli poste ŝi rigidiĝis kaj fariĝis roko.

Ĝi ricevis nun la figuron de knabino preĝanta al la oriento, por bonvenigi la sunon kaj la lunon.

Sur la tero brile lumiĝis kaj varmiĝis. De tiam aperis vivaĵoj.

Jen estas la estiĝo de la Suna-Luna Monto, kaj la praavoj de la manĉura nacio rigardis ĝin dia monto.

일월산
(만주족)

백두산맥에는 일월산(日月山)이 있습니다. 멀리서 보면 동쪽을 향해 기도하는 소녀처럼 보입니다. 하지만 자세히 보면 코, 입, 귀는 있지만 눈은 없다는 것을 알고 놀랍니다.

그녀는 무엇을 위해 기도하고 있는 걸까요? 그리고 왜 그녀에게는 눈이 없는 걸까요?

이것은 아주 먼 옛날에 있었던 일입니다.

그때 우주에는 태양도, 달도, 별도 없었습니다. 온 세상은 어둠 속에 있었고, 죽은 듯한 정적이 흘렀으며, 물론 그 어떤 생명체도 존재하지 않았습니다.

어느 날, 막내딸이 신에게 말했습니다.

"아빠, 땅이 너무 어두워요! 밝게 해주세요."

신은 아무 말 없이 고개를 흔들었습니다.

다른 날, 막내딸은 다시 신에게 부탁했습니다.

"아빠, 땅이 너무 추워요. 따뜻하게 해주세요."

하지만 그는 다시 고개를 흔들며 아무 말도 하지 않았습니다.

세 번째로 막내딸이 부탁했습니다.

"아빠, 땅이 너무 황량해요. 생기를 불어넣어 주세요."

신은 귀찮아하며 고개를 흔들고 떠나버렸습니다.

선녀는 화가 나서 몰래 하늘에서 내려왔습니다. 구름을 타고 날아와 백두산에 도착했습니다.

산은 높았지만, 그곳에는 오직 커다란 돌들뿐이었습니다. 거기에는 나무도, 꽃도, 풀도, 새도, 짐승도 없었습니다...

산 위를 끊임없이 거닐며 어떻게 해야 땅을 밝히고, 따뜻하게 하며, 생기를 불어넣을지 고민했습니다. 오랜 시간 동안 생각했지만, 좋은 방법을 떠올릴 수 없었습니다.

그녀가 땅에 얼마나 오래 머물렀는지는 아무도 몰랐습니다. 신은 그녀가 한 일을 알게 되자 몹시 분노했습니다. 그는 그녀가 하늘로 돌아오는 것을 금지하라고 명령했습니다.

선녀는 고집스러운 성품을 가지고 있었습니다. 그녀는 어둡고, 차갑고, 생명 없는 땅을 바꾸기로 결심했습니다. 그녀는 오랫동안 숙고한 끝에 마침내 방법을 찾아냈습니다. 그녀는 자신의 눈이 빛나고, 보석으로 된 목걸이도 빛난다는 것을 깨달았습니다.

선녀는 생각했습니다. '만약 내 눈을 하늘로 던져 올린다면, 그것들이 분명 땅을 밝혀줄 거야. 그러면 땅은 따뜻해지고, 서서히 꽃과 풀, 나무, 곤충, 물고기, 새, 짐승들이 생겨날 거야.'

하지만 그녀는 얼마나 큰 고통을 겪어야 했을까요! 눈이 없으면 아무것도 볼 수 없을 텐데. 그녀는 다시 생각했습니다.

마침내 그녀는 결심했습니다. 그녀는 왼쪽 눈을 빼서 하늘로 던져 올렸습니다. 그러자 즉시 하늘에 빛나는 태양이 나타났습니다.

그러나 태양은 하늘에서 반원을 그리며 천천히 서쪽 산 뒤로 넘어갔고, 땅은 다시 어둠에 잠겼습니다. 그래서 그녀는 오른쪽 눈을 빼서 하늘로 던졌습니다. 그러자 즉시 하늘에 달이 나타났습니다. 하지만 그것은 충분히 밝지 않았습니다. 땅 위의 모든 것은 여전히 불분명했습니다. 그래서 그녀는 자신의 목걸이를 하늘로 던져 올렸습니다. 보석들은 즉시 셀 수 없이 많은 별이 되었습니다. 그 별들이 반짝이자 땅은 훨씬 더 밝아졌습니다.

선녀는 눈을 잃어 한 걸음도 움직일 수 없었습니다. 전에는 목걸이가 그녀에게 구름과 안개를 타고 다닐 수 있게 해주는 보물이었지만, 이제 그것이 없으니 하늘로 돌아갈 수 없었습니다. 그녀는 바람, 비, 햇빛에도 불구하고 그곳에 움직이지 않고 머물러야 했습니다. 서서히 그녀의 숨결은 약해졌고, 얼마 후 그녀는 굳어져 바위가 되었습니다.

그것은 이제 태양과 달을 맞이하기 위해 동쪽을 향해 기도하는 소녀의 형상을 하고 있습니다.

땅은 밝아지고 따뜻해졌습니다. 그때부터 생명체들이 나타나기 시작했습니다.

이것이 일월산이 생겨난 이야기이며, 만주족의 조상들은 그것을 신성한 산으로 여겼습니다.

Princino Tintilo

(de Mongola nacio)

Laŭdire, antaŭ tre tre longe, ĉe Princina Monto regis mongola princo. Li estis potenca riĉulo, kaj havis grandan kastelon defendatan de multe da soldatoj. Li posedis senliman kampon ĉirkaŭe, kaj eĉ montojn, arbarojn kaj riverojn. Li aĝis pli ol 50 jarojn, kaj havis solfilinon.

La knabino estis ne nur bela, sed ankaŭ lerta en diversaj batalartoj inkluzive de rajdado. La plej mirinda el ŝiaj kapabloj estis trafa pafado al birdo fluganta kaj besto kuranta 100 paŝojn fore. Ŝi portis sur si jupon kun multe da tintiletoj, kiuj sonoris ĉe ŝia irado, tial oni nomis ŝin Princino Tintilo. Pro ŝiaj beleco kaj braveco multaj homoj venis por svati aŭ svatiĝi, sed neniu ŝin impresis. Ŝi diris: "Tiuj dandoj estas tiel malfortaj, eĉ forton ŝnuri kokon ne havas! Edziĝi al mi? Revo! Nur tiu, kiu superos min en luktarto, eblas fariĝi mia edzo." De sia infaneco la princino estis dorlotata de la patro, tial, pri ŝia geedzeco, la princo nenion povis fari.

La princino kaj ŝiaj ĉambristinoj ofte ĉasis sur Beishan-monto. Tie montoj tuŝiĝis kun montoj kaj densaj arbaroj kovris la ĉielon kaj la sunon. Ĉiufoje, kiam ili revenis de ĉasado, iliaj ĉevaloj estis peze ŝarĝitaj per moskuloj, kapreoloj, cervoj, aproj...

Foje el Dongshan-monto alkuris al Beishan-monto du tigroj. Iii ofte vundis pasantojn. De tiam oni ne kuraĝis plu ĉasi aŭ haki brullignon sur la monto. La princino, por forigi la minacon, decidis mortigi la tigrojn kaj krome, ŝi diris al la svatantoj: "Kiu mortigos la tigrojn, al tiu mi edziniĝos."

Estis serena tago. Eĉ floketo da nubo ne troviĝis sur la ĉielo. La princino kaj ŝiaj du ĉambristinoj estis ekrajdontaj al Beishan por ĉasi. Ŝia patro malpermesis timante, ke ili estus vunditaj de la tigroj. Sed la arbitra princino diris: "Mi iras ĝuste por mortigi la tigrojn." Je la diro ŝi jam rajdis for.

La princino kaj la du ĉambristinoj transiris kelke da montoj. La suno estis baldaŭ subironta, sed neniun beston ili renkontis. En malagrableco ili malsupreniris la monton.

Subite alflugis sovaĝa ansero. La princino ĝin rimarkis kaj ekviglis. Ŝi streĉis la arkon kaj tuj pafis al la sovaĝa ansero.

Mirinde estis, ke en la sama momento flugis alia

sago de Dongshan-monto. Ambaŭ sagoj trafis la sovaĝan anseron je la kolo, kaj ĝi falis malsupren frapante la flugilojn.

La princino estis surprizita de la pafo. Antaŭ ol ŝi kvietiĝis de miro, ŝi vidis alkurantan junulon. Tiu junulo levis la sovaĝan anseron kaj sin forturnis. La ĉambristinoj baris lin. Ili interkverelis pro la ĉasaĵo kaj la princino alvenis. Ŝi trovis, ke la junulo havas altan staturon, densajn brovojn kaj grandajn okulojn, kaj parolas sonore. Kutime la princino sin tenis fiere antaŭ la publiko, sed nun antaŭ la forta junulo, ŝi fariĝis tre humila. Post interparoladeto ŝi sciis lian devenon.

La junulo loĝis sub la okcidenta montodeklivo. Li havis nur maljunan patrinon. La patrino kaj la filo vivtenis sin ĉefe per ĉasado kaj vendo de brulligno. Ili estis mongoloj, kaj oni nomis lin Daĉjo.

"Ĉu vi ne timas tigron?" demandis la princino. "Kial timi tigron? La virtigron mi jam pafmortigis."

La princino pensis en si: "Kiel bone estos, se mi edziniĝos al tiu kuraĝa junulo!" Kaj tuj forte ekbatis la koro pro honto kaj ruĝiĝis ŝia vizaĝo. La ĉambristino travidis ŝian koron kaj invitis lin al morgaŭa kuna ĉasado."

Ekde tiam la princino ofte rendevuis lin sur la monto. Ankaŭ Daĉjo amegis la princinon, tamen sentante skrupulon pro sia malriĉeco. Fine ili verŝis la koron unu al la alia. La princino diris, ke ili certe atingos la celon se nur ili ambaŭ neniom ŝanceliĝos.

La afero atingis la princon kaj li forte koleriĝis pro tio opiniante, ke edziniĝo de la princino al malriĉa ĉasisto malhonoros lian familion. Li venigis la princinon kaj forte vipis ŝin, malgraŭ ke li neniam antaŭe ŝin pikis eĉ per fingro. Sed ŝi firme insistis edziniĝi al Daĉjo, kaj la princo neniel povis ŝanĝi ŝian decidon.

La princo havis tre fidelan intendanton, kiu ne nur zorgis pri ĉio por la mastro, sed ankaŭ posedis multe da kampoj. Antaŭ longe li petis la princon edzinigi sian filinon al lia filo. Sed la princino rifuzis kaj insultis lin. Kaj la intendanto devis reteni sian koleron pro la ofendiĝo. Nun li aŭdis la aferon pri la princino kaj Daĉjo kaj iris al la princo por proponi al li kruelan intrigon.

En la sekvanta tago la princo donis abundan festenon kaj invitis multajn gastojn. La intendanto venis al la hejmo de Daĉjo kaj anoncis, ke la princo volas edzigi lin al la princino. Daĉjo eksaltis de ĝojo kaj sekvis lin.

Daĉjo estis homo malkaŝema kaj pro ĝojo li drinkis tro multe. La princo ŝajnigis konsenton al ilia geedziĝo sub la premiso, ke Daĉjo mortigu la tigrinon. Daĉjo ĝoje konsentis kaj promesis tuj suriri la monton. La intendanto, rimarkinte ke li facile kredis al ilia trompaĵo, senĉese trinkigis al li tason post taso. En lia neatento, la intendanto ŝtele verŝis fanditan plumbon en lian sagujon, kaj poste, trinkigu lin plu tri tasojn ŝajnigante, ke li volas fari lin pli kuraĝa per la tostoj.

Ebrieta Daĉjo grandpaŝe suriris la monton. Tiam la suno jam subiris post la okcidenta monto.

Fine Daĉjo trovis la neston de la tigrino kaj ĵetis al ĝi ŝtonon. La incitita tigrino tuj sin ĵetis sur lin. Daĉjo flankeniĝis ĝin evitante kaj volis elpreni sagon, sed la sagoj estis firme kunigitaj de plumbo en la sagujo. Li streĉis la forton, sed neniel povis sukcesi. La tigrino kun ruĝaj okuloj sin ĵetis al Daĉjo sur la ŝultrojn. Li devis senarmile lukti kun la tigrino. Daĉjo estis vundita pro senforteco kaŭzita de supertrinkado. Fine Daĉjo batmortigis la tigrinon, sed li mem mortis pro tro grava vundiĝo.

Kiam la princino sciis, ke la patro konsentis edzinigi ŝin al Daĉjo, ŝi tiom ĝojis, ke ŝi sendormis la tutan nokton. Sed en la sekvanta tago, kiam ŝi aŭdis pri la morto de Daĉjo, ŝi ploregis ĝis sveno.

Pri la intrigo de la intendanto la princino baldaŭ informiĝis. Kia kolero kaj malamo kaptis ŝin! Ŝi rapidis al Beishan-monto por serĉi la kadavron de Daĉjo. Li jam estis enterigita. De tiam ŝi kuradis tien kaj reen sur la montoj kiel frenezulino. De veproj ŝiaj vestoj ŝiriĝis kaj de ŝtonoj ŝiaj manoj kaj piedoj vundiĝis. Malgraŭ tio ŝi daŭre kuradis sur la montoj...

Ŝia patrino sendis revenigi ŝin. Mortanta, la princino petis sian patrinon entombigi ŝin sur Beishanmonto.

De tiam oni nomis Beishan-monton Princina Monto. Ĝis nun oni ankoraŭ povas vidi la tombojn de la princino kaj Daĉjo, kaj la rakonto pri la princino kaj Daĉjo cirkulas ĝis nun inter la popolo.

딸랑이 공주

(몽골족)

전해지는 바에 따르면, 아주 먼 옛날, 공주 산에는 몽골 왕이 통치하고 있었다고 합니다. 그는 막강한 부자였고, 수많은 병사가 지키는 거대한 성을 가지고 있었습니다. 그는 주변에 끝없는 들판을 소유했으며, 심지어 산과 숲, 강까지도 그의 것이었습니다. 그는 50세가 넘었고, 외동딸이 있었습니다.

그녀는 아름다울 뿐만 아니라, 승마를 포함한 다양한 무술에도 능했습니다. 그녀의 가장 놀라운 능력은 100걸음 떨어진 곳에서 날아가는 새와 달리는 짐승을 정확히 맞히는 활 솜씨였습니다. 그녀는 걸을 때마다 딸랑거리는 작은 종들이 많이 달린 치마를 입었기 때문에, 사람들은 그녀를 딸랑이 공주라고 불렀습니다. 그녀의 아름다움과 용맹함 때문에 많은 사람이 청혼하거나 중매를 서러 왔지만, 그녀의 마음을 움직인 사람은 아무도 없었습니다. 그녀는 말했습니다.

"저런 겉멋 든 녀석들은 너무 약해서 수탉을 끈으로 묶을 힘조차 없어! 나와 결혼한다고? 꿈 깨시지! 무술로 나를 이기는 자만이 내 남편이 될 수 있을 거야."

어린 시절부터 공주는 아버지에게 응석받이였기 때문에, 왕은 그녀의 결혼에 대해 아무것도 할 수 없었습니다.

공주와 그녀의 시녀들은 종종 북산(北山)에서 사냥을 했습니다. 그곳은 산들이 서로 맞닿아 있었고, 빽빽한 숲이 하늘과 해를 가리고 있었습니다. 그들이 사냥에서 돌아올 때마다, 말들은 사향노루, 노루, 사슴, 멧돼지 등으로 무겁게 짐을 지고 있었습니다.

한번은 동산(東山)에서 두 마리의 호랑이가 북산으로 넘어왔습니다. 그들은 종종 지나가는 사람들을 해쳤습니다. 그때부터 사람들은 더 이상 산에서 사냥을 하거나 땔감을 베러 가지 못했습니다. 공주는 이 위험을 제거하기 위해 호랑이를 죽이기로 결심했고, 더 나아가 청혼자들에게 말했습니다.

"호랑이를 죽이는 자와 결혼하겠다."

하늘에 구름 한 점 없는 맑은 날이었습니다. 공주와 두 시녀는 북산으로 사냥을 떠나려고 말을 타려 했습니다. 아버지는 호랑이에게 다칠까 봐 걱정하며 허락하지 않았습니다. 하지만 제멋대로인 공주는 말했습니다.

"저는 바로 호랑이를 죽이러 가는 거예요."

이 말을 마치자마자 그녀는 말을 타고 떠났습니다.

공주와 두 시녀는 몇 개의 산을 넘었습니다. 해는 곧 질 것 같았지만, 아무런 짐승도 만나지 못했습니다. 불쾌한 기분으로 그들은 산을 내려왔습니다.

갑자기 기러기 한 마리가 날아왔습니다. 공주는 그것을 발견하고 활기를 되찾았습니다. 활을 당겨 즉시 기러기에게 화살을 쏘았습니다.

놀랍게도, 같은 순간 동산에서 또 다른 화살이 날아왔습니다. 두 화살은 모두 기러기의 목에 박혔고, 기러기는 날개를 퍼덕이며 땅으로 떨어졌습니다.

공주는 그 활 솜씨에 놀랐습니다. 놀라움이 가라앉기도 전에, 그녀는 한 젊은이가 달려오는 것을 보았습니다. 그 젊은이는 기러기를 들고 돌아서려 했습니다. 시녀들이 그를 막았습니다. 그들이 사냥감을 두고 다투고 있을 때 공주가 도착했습니다. 그녀는 그 젊은이가 키가 크고, 짙은 눈썹과 큰 눈을 가졌으며, 쩌렁쩌렁한 목소리로 말하는 것을 보았습니다. 평소 공주는 사람들 앞에서 거만하게 굴었지만, 지금 이 건장한 청년 앞에서는 매우 겸손해졌습니다. 잠시 대화를 나눈 후, 그녀는 그의 출신을 알게 되었습니다.

그 청년은 서쪽 산비탈 아래에 살고 있었습니다. 그에게는 늙은 어머니만 있었습니다. 어머니와 아들은 주로 사냥과 땔감을 팔아 생계를 유지했습니다. 그들은 몽골인이었고, 사람들은 그를 다초라고 불렀습니다.

"호랑이가 무섭지 않아요?"

공주가 물었습니다.

"왜 호랑이가 무섭겠어요? 수컷 호랑이는 이미 활로 쏴 죽였습니다."

공주는 속으로 생각했습니다. '이 용감한 청년과 결혼하면 얼마나 좋을까!' 그러자 부끄러움으로 심장이 격렬하게 뛰고 얼굴이 붉어졌습니다. 시녀는 그녀의 마음을 꿰뚫어 보고 다음 날 함께 사냥을 가자고 그를 초대했습니다.

그때부터 공주는 산에서 그를 자주 만났습니다. 다초 또한 공주를 매우 사랑했지만, 자신의 가난 때문에 마음이 불편했습니다. 마침내 그들은 서로의 마음을 털어놓았습니다. 공주는 둘이 흔들리지 않고 함께한다면 반드시 목적을 이룰 수 있을 것이라고 말했습니다.

이 소식이 왕에게 전해지자, 그는 몹시 분노했습니다. 공주가 가난한 사냥꾼과 결혼하는 것이 가문에 불명예를 가져올 것이라고 생각했기 때문입니다. 그는 공주를 불러들여 손가락 하나 대본 적 없던 그녀를 매섭게 때렸습니다. 그러나 그녀는 다초와 결혼하겠다고 굳게 주장했고, 왕은 그녀의 결심을 바꿀 수 없었습니다.

왕에게는 매우 충성스러운 집사(Intendant)가 있었는데, 그는 주인 일만 돌보는 것이 아니라 많은 밭도 소유하고 있었습니다. 오래전에 그는 왕에게 공주를 자기 아들과 결혼시켜 달라고 청했습니다. 그러나 공주는 거절하며 그를 모욕했습니다. 집사는 모욕감 때문에 분노를 삭여야 했습니다. 이제 그는 공주와 다초에 대한 이야기를 듣고 왕에게 가서 잔인한 계략을 제안했습니다.

다음 날 왕은 성대한 잔치를 열고 많은 손님들을 초대했습니다. 집사는 다초의 집으로 가서 왕이 그를 공주와 결혼시키려 한다고 알렸습니다. 다초는 기쁨에 뛰어올랐고 그를 따라갔습니다.

다초는 솔직한 성격이었고, 기쁨에 겨워 술을 너무 많이 마셨습니다. 왕은 다초가 암컷 호랑이를 죽인다는 조건으로 그들의 결혼에 동의하는 척했습니다. 다초는 기쁘게 동의하며 즉시 산에 올라가겠다고 약속했습니다. 그가 쉽게 속임수에 넘어간 것을 본 집사는 계속해서 술잔을 권했습니다. 다초가 방심한 틈을 타, 집사는 몰래 그의 화살통에 녹인 납을 부어 넣었습니다. 그리고 나서, 그에게 용기를 북돋아 준다는 핑계로 술을 석 잔 더 마시게 했습니다.

술에 취한 다초는 성큼성큼 산에 올랐습니다. 그때는 이미 해가 서쪽 산 뒤로 넘어가고 있었습니다.

마침내 다초는 암컷 호랑이의 굴을 찾아 돌을 던졌습니다. 화가 난 암컷 호랑이는 즉시 그에게 달려들었습니다. 다초는 옆으로 비켜서 피하며 화살을 꺼내려 했지만, 화살통 속의 화살들은 납에 의해 단단히 붙어 있었습니다. 그는 온 힘을 다했지만 성공할 수 없었습니다. 붉은 눈의 암컷 호랑이는 다초의 어깨 위로 달려들었습니다. 그는 맨손으로 호랑이와 싸워야 했습니다. 과음으로 힘이 빠진 다초는 상처를 입었습니다. 결국 다초는 암컷 호랑이를 때려 죽였지만, 자신 또한 너무 심한 부상으로 목숨을 잃었습니다.

공주는 아버지가 다초와의 결혼을 허락했다는 소식을 듣고 너무 기뻐서 밤새 잠을 이루지 못했습니다. 그러나 다음 날, 다초의 죽음에 대한 소식을 듣자, 그녀는 울부짖더니 기절해버렸습니다.

공주는 곧 집사의 계략에 대해 알게 되었습니다. 얼마나 큰 분노와 증오가 그녀를 사로잡았을까요! 그녀는 다초의 시신을 찾기 위해 서둘러 북산으로 달려갔습니다. 그는 이미 매장되어 있었습니다. 그때부터 그녀는 미친 사람처럼 산 위를 이리저리 뛰어다녔습니다. 가시에 옷은 찢어지고, 돌에 손과 발은 상처 입었습니다. 그럼에도 불구하고 그녀는 계속해서 산 위를 뛰어다녔습니다.

그녀의 어머니는 그녀를 다시 데려오라고 사람을 보냈습니다. 죽어가면서 공주는 어머니에게 자신을 북산에 묻어 달라고 부탁했습니다.

그때부터 사람들은 북산을 공주 산이라고 불렀습니다. 지금까지도 공주와 다초의 무덤을 볼 수 있으며, 공주와 다초의 이야기는 오늘날까지 사람들에게 전해져 내려오고 있습니다.

Ĉasisto Lupon Bredanta

(de Olunĉuna nacio)

Antaŭ tre longe, ĉe la piedo de Nuomin-monto de la Granda Xing'an-montaro, vivis olunĉuna tribo. En tiu tribo estis du famaj ĉasistoj, unu nomiĝis Zhalunbuku kaj la alia Xierjibu. Ili estis tre intimaj amikoj. De la infaneco ili eklernis ĉasi de maljunaj ĉasistoj. Kiam ili plenkreskis, ili ofte kune ĉasis sur montoj. Ili ĉiam egals dividis inter si la ĉasaĵojn.

Antaŭe sur Nuomin-monto vivis multe da lupoj, ursoj, tigroj kaj leopardoj. En nokto la plej viglaj estis lupoj, kiuj serĉadis manĝaĵojn. Iliaj manĝaĵoj estis ĉefe kapreolo, leporo, cervido kaj alkido. Kelkfoje ili atakis ankaŭ ĉevalon. Ofte ili mordtenis ĝian orelon kaj batis ĝin per la vosto pelante ĝin sur monton aŭ en sovaĝan herbejon kaj mordmortigis ĝin. Post manĝo ili enterigis la restaĵon rezerve por la venontfoja frando.

Lupoj ofte atakis ankaŭ pasantojn sur monto aŭ en valo. La ĉasistoj, kiam ili devis tranokti subĉiele, faris ardan kampfajron por fortimigi lupojn. Sed la lupo estas tre ruza, ĝi mallevis la kapon ĝis la tero kaj laŭte hurlis. La hurlo estas terurega. La krio facile alvokis aliajn lupojn. La grupo da lupoj sidis dekojn da paŝoj fore de la fajro por atendi ŝancon de atako. Tiukaze, se ĉasisto malstreĉos sian gardemon, li estos disŝirita de la lupoj.

Foje Zhalunbuku kaj Xierjibu renkontis aron da lupoj. Kion fari? Ili tuj bruligis fajron, senĉese aldonis branĉaĵojn por teni la fajron arda. Kiam lupoj proksimiĝis, ili pafis sagojn. En tagiĝo la lupoj forlasis ilin. En la sekvanta frumateno ili denove iris ĉasi en valo. Xierjibu vidis, ke lupo estis ĉassekvanta kapreolon. Li pensis, ke lupo estas saĝa besto, kaj forgesis pafi al ĝi. Li atente rigardis, kiel la lupo artifikis en ĉasado. La kapreolo dormis tutan nokton en herbaro kaj nun vekiĝis. Sed antaŭ ol ĝi trovis tempon por pisi, ĝi estis rimarkita kaj persekutata de la lupo. Kapreolo kuris tre rapide kaj multe malproksimiĝis de la lupo. Ĝi do haltis por pisi. Ĝuste en tiu momento la lupo ĵetiĝis sur ĝin. La lupo mordtenis ĝin je orelo kaj frapis ĝin per sia vosto. La kapreolo furioze baraktis kaj la lupo intence malfermis la buŝon. La kapreolo falis teren, kaj la lupo mordrompis ĝian kolon kaj deŝiris ĝian felon. La restaĵon ĝi portis buŝe al siaj idoj en la nesto.

Kial Xierjibu ne pafis al la lupo? Li opiniis, ke la lupo estas saĝa en kaptado de kapreoloj. "Se mi kaptos lupidon, mi bredos ĝin. Plenkreskinte ĝi certe povos helpi min kapti kapreolon kaj eble ankaŭ apron."

Tion pensante, li spuris la lupon. Kiam la lupo vidis Xierjibu, ĝi tuj fuĝis kunportante du lupidojn, kaj restis en la nesto nur unu lupido ronĝanta oston. Xierjibu prenis ĝin kaj revenjs al la tendo, Li intencis bredi la lupidon, por ke poste ĝi povu helpi lin kapti kapreolojn.

Frumatene jam du kapreolojn Zhalunbuku kaptis, sed Xierjibu, krom la lupido en sia sino, neniun kaptis.

Zhalunbuku demandis:

"Kion vi tenas en la sino?"

"Lupidon."

"Por kio la lupidon? Tuj mortigu ĝin! Alie, la lupo venos venĝi sin."

Xierjibu, manĝigante la lupidon per kapreolaĵo, diris:

"Ne! Mi preferos ĝin bredi!"

"Kion vi diras? Vi bredos ĝin? Per kio vi nutros ĝin, kiam ĝi plenkreskos? Ĉu per via karno? Laŭ kutimo de ni olunĉunoj, ĉasisto, kiu vidas lupon sed ne mortigas ĝin, estas krimulo. Por kio vi bredas ĝin?"

"Mi volas, ke ĝi helpos min kapti kapreolojn."

"Ĝi helpos vin? Kia fantazio! Ĉu vi ne aŭdis la instruon de maljunuloj, ke ŝanĝeblas monto kaj rivero, sed lupeco ne? Plenkreskinte, ĝi certe manĝos vin!"

"Kiel tio eblos? Ĝi ne manĝos min, se mi malsovaĝigos ĝin."

"Sed mi persistas, ke vi mortigu ĉi tiun lupidon!"

Zhalunbuku refoje deadmonis Xierjibu bredi la lupidon. Li avertis, ke en estonteco ĝi certe vundos la najbarojn, se ĝi ne vundos lin. Sed ĉiuj ĉi koraj vortoj iris en unu orelon kaj eliris el la alia. La du amikoj tiele malpaciĝis pro la lupido. Xierjibu foriris kun la lupido.

Sed Zhalunbuku ĉiam zorgis pri Xierjibu. Laŭ la instruo de maljunuloj, Zhalunbuku ĉiam klopodis por mortigi laŭeble lupojn. Por tio li ĉiutage sin ekzercadis per arkpafado, dank'al kio li fariĝis multe pli lerta. En ekzercado li ĉiam celadis la kapon de birdoj kaj bruston de lupoj.

Antaŭ unu jaro Xierjibu jam ĉesis ekzerci sin per arkpafado. Li nur flegis la lupidon kaj nutris ĝin. Dank'al lia flegado la lupo kreskadis. Li pensis, ke la lupo jam estis bone dresita kaj, dum ĉasado li ĉiam havis kun si ĉashundon kaj la lupon, por ke ĝi kaptu por li kapreolojn kaj aliajn bestetojn. Li eliris matene kaj revenis vespere.

Foje Xierjibu alvenis Nuomin-monton kun ĉashundo kaj la lupo, sed tie lin nenio trafis. Kutime olunĉunoj ne volas reveni kun malplenaj manoj, malgraŭ ke ili jam ne havas ion por manĝi, ĉar ili kredas, ke ili fine ian ĉasaĵon akiros, se nur ili havas kun si arkon, sagojn kaj fajrilon. Tial Xierjibu decidis resti ankoraŭ kelke da tagoj sur la monto. Sed en pluraj tagoj li nenion akiris.

Iuvespere, ĉe rivero apud monto, li faris fajron kaj komencis kuiri la nuran pecon de kapreolaĵo. Li kuŝis sur la herbejo, kun la kapo sur ambaŭ manoj, kaj rigardis al la ĵus leviĝintajn stelojn kaj la lunon kaj pensis, kiel la lupo povos kapti pli multe da kapreoloj kaj aproj. La ĉashundo kaŭre gardas ĉe sia mastro, dum la lupo avide fiksrigardis la kaldronon kaj volis manĝi la viandon. Iom poste la viando estis bone kuirita. Xierjibu manĝis la viandon kaj donis la ostojn al la hundo kaj la lupo. Efektive, ili suferis de malsato jam kelke da tagoj kaj tial iliaj okuloj fariĝis ruĝaj. Tiutempe la ĉashundo kaŭris obeeme apud la mastro, dume la lupo ne nur volis manĝi la viandon el la kaldrono, sed ankaŭ sian mastron, kaj eĉ la ĉashundon. Kiam Xierjibu endormiĝis, alvenis kelke da lupoj persekutataj de

Zhalunbuku. Kiam la lupoj rimarkis ke la ĉasisto estas Xierjibu bredanta lupon, ili trankviliĝis, ĉar ili sciis, ke Xierjibu ne estas tiel senkompata al la lupoj. Ili ne timis, sed male, eĉ intencis manĝi lin. Nur pro timo de la fajro, tiuj lupoj ne kuraĝis alproksimiĝi al li. Iu maljuna lupo el la lupgrupo rimarkis sian speculon apud Xierjibu kaj ululis, kvazaŭ informante: "Ĉasistoj mortigas nin lupojn kaj nun ni persekutate ne plu havis lokon por nin kaŝi. Kaj krome nun ni tre malsatas ankaŭ vi. Tuj mordmortigu lin, ke ni povu fuĝi sataj."

La lupo, kiun Xierjibu bredis, neniom ŝanĝis sian naturon. Kiam ĝi aŭdis ululadon de la maljuna lupo, ĝi montris nun kruelecon kaj sin ĵetis al Xierjibu. La ĉashundo gardanta ĉe la mastro, tuj mordtenis ĝian kruron kaj inter ili okazis intermordado. La bruo vekis Xierjibu. Li pensis, ke eble sovaĝaj bestoj batalis kun la ĉashundo. Li pririgardis kaj rimarkis, ke interbatalis la lupo kaj la hundo. Li laŭte insultis:

"Hej ho, vi ĉesu batali!"

La lupo kaj la hundo kaŭriĝis silente kiel antaŭe. Vidinte ke ĉesis ilia interatako, Xierjibu profundiĝis denove en dormon. Aŭdinte ke lupoj ululis nemalproksime, la lupo kaŭranta ĉe la ĉasisto tuj montris sian bestecon. Ĝi sin ĵetis al Xierjibu kaj estis mordonta lin je la gorĝo. Ĝuste ĉe tiu kriza momento la hundo mordtenis ĝian ripon, la lupo kaj la hundo denove interbatalis. Xierjibu vekiĝis refoje, kaj rimarkis ke la lupo kaj hundo denove interatakis. Kio okazis al ili? Li pensis, ke ĉirkaŭe ne estas iu ajn besto, kial ili batalis kaj batalis? Pri tio li dubis. Por solvi la dubon li ŝajnigis sin dormanta.

En valoj resonis la krioj de la batalantaj lupoj kaj hundo, Aŭdinte la kriojn, Zhalunbuku, persekutanta lupojn, tuj alvenis kun sagoj kaj pafarko laŭ la direkto de eĥo.

Demetinte la pafilojn, Xierjibu kuŝiĝis kaj ŝajnigis sin dormanta. Kelke da lupoj sin movis antaŭen kaj ululis senĉese. Ilia ululado fariĝis pli kaj pli terura. La dresita lupo eksaltis kaj volis mordi Xierjibu, estis la ĉashundo kiu savis sian mastron refoje. Xierjibu klare vidis tion kaj pensis: "Estas vi, maldankema lupaĉo!" Li kaptis la arkon kaj sagon kaj volis pafi, sed la hundo kaj la lupo jam intermordis ruliĝante. Li timis ke la sago trafos ne la lupon, sed la ĉashundon, kaj pafis atente, sed ne trafis la lupon. Li konsterniĝis. Jam antaŭ longa tempo li ĉesis ekzerci sin en pafado. La lupoj svarmis ĉirkaŭe, kaj sin movis jam tre proksime al Xierjibu... Feliĉe je la kriza momento Zhalunbuku atingis tien. Li klare vidis en la lumo de fajro, ke kelke da lupoj estas sin ĵetantaj al Xierjibu. Zhalunbuku, por savi sian amikon, sinsekve sagopafis al tiuj lupoj, kaj ĉiu sago mortigis po unu lupon. Kiam li rapidis al Xierjibu, tiu ĉi jam svenis mordvundita. Ĝis vekiĝo de Xierjibu la maljuna lupo estis ankoraŭ spiranta, li kaptis ponardon kaj per ĝi pikis al ĝi en la koro. Li rimarkis, ke ankaŭ la bredita lupo ne ĉesis spiri, li stariĝis malfacile kaj enpikis al ĝi per ponardo dirante:

"Maldankema bestaĉo! Mi bredis vin ĝis plenkresko, vi ne kaptis por mi bestojn, sed male, vi volis min manĝi, mi mortigos vin."

Xierjibu diris al Zhalunbuku:

"Dankojn al via savo. Mi forgesis la devon de ni ĉasistoj. En la pasinteco vi avertis min multfoje, sed mi ne aŭskultis al viaj admonoj, tial mi apenaŭ perdis mian vivon."

Zhalunbuku pansis al li la vundon per drogherbo kaj diris:

"Bone estos, ke vi jam elĉerpis la lecionon. De nun, se vi kaptos lupon, nepre ĝin mortigu kaj vi ankoraŭ estos bona ĉasisto."

Xierjibu kaj Zhalunbuku reamikiĝis kaj ĉasis kune kiel antaŭe. Ĝis nun la olunĉunaj ĉasistoj ankoraŭ memoras la spertaĵon de Xierjibu kaj neniam preterlasas lupojn.

늑대 기르는 사냥꾼

(오룬춘족)

아주 아주 오래전, 대싱안링의 누오민산(Nuomin) 기슭에 오룬춘족(Olunchun)의 한 부족이 살고 있었습니다. 그 부족에는 자룬부쿠(Zhalunbuku)와 시에르지부(Xierjibu)라는 두 명의 유명한 사냥꾼이 있었습니다. 그들은 아주 가까운 친구였습니다. 어린 시절부터 그들은 나이든 사냥꾼들에게 사냥을 배웠습니다. 성인이 된 후에는 자주 함께 산에서 사냥을 했습니다. 그들은 항상 사냥감을 똑같이 나누어 가졌습니다.

예전에는 누오민산에 늑대, 곰, 호랑이, 표범들이 많이 살았습니다. 밤에는 늑대들이 가장 활발했는데, 먹이를 찾아다녔습니다. 그들의 먹이는 주로 노루, 토끼, 새끼 사슴, 새끼 무스였습니다. 때로는 말도 공격했습니다. 종종 말의 귀를 물고 꼬리로 때려 산이나 거친 초원으로 몰아간 뒤 물어 죽였습니다. 먹고 남은 것은 다음에 먹기 위해 땅에 묻어두었습니다.

늑대들은 종종 산이나 계곡을 지나가는 사람들도 공격했습니다. 사냥꾼들은 야외에서 밤을 보낼 때, 늑대를 쫓기 위해 활활 타오르는 모닥불을 피웠습니다. 하지만 늑대는 매우 교활해서, 머리를 땅에 대고 크게 울부짖었습니다.

그 울음소리는 매우 섬뜩했습니다. 그 소리는 쉽게 다른 늑대들을 불러 모았습니다. 늑대 무리는 불에서 수십 걸음 떨어진 곳에 앉아 공격할 기회를 노렸습니다. 이런 경우, 사냥꾼이 경계를 늦추면 늑대들에게 갈기갈기 찢겼습니다.

한번은 자룬부쿠와 시에르지부가 늑대 무리를 만났습니다. 어떻게 해야 할까요? 그들은 즉시 불을 피우고, 불이 활활 타오르도록 계속해서 나뭇가지를 더했습니다. 늑대들이 가까이 다가오면 화살을 쏘았습니다. 동이 틀 무렵, 늑대들은 그들을 떠났습니다. 다음 날 이른 아침, 그들은 다시 계곡으로 사냥을 나갔습니다. 시에르지부는 늑대 한 마리가 노루를 쫓고 있는 것을 보았습니다. 그는 늑대가 영리한 동물이라고 생각하고, 활을 쏘는 것을 잊었습니다. 그는 늑대가 어떻게 교활하게 사냥하는지 주의 깊게 지켜보았습니다. 노루는 밤새도록 풀밭에서 자다가 이제 막 깨어났습니다. 하지만 소변을 볼 틈도 없이 늑대에게 발각되어 쫓기게 되었습니다. 노루는 매우 빨리 달렸고, 늑대와 거리가 한참 멀어졌습니다. 그래서 노루는 멈춰 서서 소변을 보았습니다. 바로 그 순간, 늑대가 달려들었습니다. 늑대는 노루의 귀를 물고 꼬리로 노루를 때렸습니다. 노루가 격렬하게 발버둥치자 늑대는 일부러 입을 벌렸습니다. 노루는 땅에 쓰러졌고, 늑대는 목을 물어뜯고 가죽을 벗겼습니다. 남은 것은 입에 물고 둥지에 있는 새끼들에게 가져갔습니다.

왜 시에르지부는 늑대에게 활을 쏘지 않았을까요? 그는

늑대가 노루를 잡는 데 영리하다고 생각했습니다. '만약 내가 늑대 새끼를 잡아서 기른다면, 자라서 분명 나를 도와 노루를 잡고, 어쩌면 멧돼지도 잡을 수 있을 거야.'

이렇게 생각하며 그는 늑대의 뒤를 쫓았습니다. 늑대는 시에르지부를 보자마자 새끼 두 마리를 데리고 즉시 도망쳤고, 둥지에는 뼈를 갉아먹고 있는 새끼 한 마리만 남았습니다. 시에르지부는 그 새끼를 데리고 텐트로 돌아왔습니다. 그는 늑대 새끼를 길러 나중에 자신을 도와 노루를 잡게 하려고 했습니다.

이른 아침, 자룬부쿠는 이미 노루 두 마리를 잡았지만, 시에르지부는 품에 안은 늑대 새끼 외에는 아무것도 잡지 못했습니다.

자룬부쿠가 물었습니다.

"품에 안고 있는 게 뭐요?"

"늑대 새끼."

"늑대 새끼는 왜? 당장 죽여버리시오! 그렇지 않으면 늑대가 복수하러 올 거요."

시에르지부는 노루 고기를 늑대 새끼에게 먹이면서 말했습니다.

"안 돼! 나는 애를 기를 거야!"

"무슨 소리요? 당신이 기르겠다고? 자라면 뭘 먹일 건데? 당신 살이라도 먹일 건가? 우리 오룬춘족의 풍습에 따르면, 늑대를 보고도 죽이지 않는 사냥꾼은 죄인이야. 왜 애를 기르는 거요?"

"나는 애가 노루 잡는 걸 도와주기를 바라고 있소."

"애가 당신을 도와준다고? 무슨 말도 안 되는 소리요! 노인들의 가르침을 못 들었소? 산과 강은 변해도 늑대의 본성은 변하지 않는다고! 자라면 분명 당신을 잡아먹을 거요!"

"어떻게 그럴 수 있겠소? 내가 잘 길들이면 나를 잡아먹지 않을 거요."

"하지만 나는 당신이 이 늑대 새끼를 죽여야 한다고 주장하오!"

자룬부쿠는 시에르지부에게 다시 한번 늑대 새끼를 기르지 말라고 경고했습니다. 그는 나중에 그 늑대가 시에르지부를 해치지 않더라도, 분명 이웃들을 해칠 것이라고 경고했습니다. 하지만 이 모든 진심 어린 충고는 한 귀로 듣고 한 귀로 흘려보냈습니다. 두 친구는 늑대 새끼 때문에 다투었습니다. 시에르지부는 늑대 새끼를 데리고 떠났습니다.

하지만 자룬부쿠는 항상 시에르지부를 걱정했습니다. 그는 노인들의 가르침에 따라 항상 늑대를 가능한 한 많이 죽이려고 노력했습니다. 이를 위해 그는 매일 활 쏘기를 연습했고, 덕분에 그의 솜씨는 훨씬 더 뛰어나졌습니다. 연습할 때 그는 항상 새의 머리와 늑대의 가슴을 겨냥했습니다.

1년 전부터 시에르지부는 활 쏘기 연습을 그만두었습니다. 그는 오직 늑대 새끼를 돌보고 먹이는 일에만 전념했습니다. 그의 보살핌 덕분에 늑대는 무럭무럭 자랐습니다.

그는 늑대가 이미 잘 길들여졌다고 생각했고, 사냥을 나갈 때마다 사냥개와 늑대를 함께 데리고 다니며 늑대가 노루나 다른 작은 동물들을 잡아주기를 바랐습니다. 그는 아침에 나가서 저녁에 돌아왔습니다.

한번은 시에르지부가 사냥개와 늑대를 데리고 누오민산에 갔지만, 아무것도 잡지 못했습니다. 오룬춘족은 먹을 것이 없더라도 빈손으로 돌아오기를 꺼렸습니다. 활, 화살, 불만 있으면 결국에는 사냥감을 얻을 것이라고 믿었기 때문입니다. 그래서 시에르지부는 며칠 더 산에 머물기로 결정했습니다. 하지만 며칠이 지나도 그는 아무것도 얻지 못했습니다.

어느 날 저녁, 산 옆 강가에서 그는 불을 피우고 유일하게 남은 노루 고기 한 조각을 요리하기 시작했습니다. 그는 두 손으로 머리를 괴고 풀밭에 누워 막 떠오른 별과 달을 바라보며, 늑대가 어떻게 하면 더 많은 노루와 멧돼지를 잡아줄 수 있을지 생각했습니다. 사냥개는 주인 옆에 얌전히 웅크리고 있었지만, 늑대는 솥을 탐욕스럽게 노려보며 고기를 먹고 싶어 했습니다. 잠시 후 고기가 잘 익었습니다. 시에르지부는 고기를 먹고 뼈는 개와 늑대에게 주었습니다. 사실, 그들은 이미 며칠 동안 굶주려 눈이 빨갛게 충혈되어 있었습니다. 그 무렵 사냥개는 여전히 주인 옆에 순종적으로 웅크리고 있었지만, 늑대는 솥 안의 고기뿐만 아니라 자신의 주인, 심지어 사냥개까지 먹고 싶어 했습니다. 시에르지부가 잠이 들었을 때, 자룬부쿠에게 쫓기던 늑대 몇 마리가 다가왔습니다. 그 늑대들은 사냥꾼이 늑대를 기르는 시에르지부라는 것을 알아차리자 안심했습니다. 그들은 시에르지부가 늑대들에게 그렇게 무자비하지 않다는 것을 알았기 때문입니다. 그들은 두려워하지 않고, 오히려 그를 잡아먹으려 했습니다. 다만 불 때문에 그 늑대들은 감히 그에게 가까이 다가가지 못했습니다. 늑대 무리 중 한 늙은 늑대가 시에르지부 옆에 있는 동족을 발견하고, 마치 "사냥꾼들이 우리 늑대들을 죽여서 쫓기느라 더 이상 숨을 곳이 없어졌어. 게다가 지금 우리는 매우 배고프니 너도 마찬가지일 거야. 당장 저 녀석을 물어 죽여서 배불리 도망가자"고 알리는 것처럼 울부짖었습니다.

시에르지부가 길들인 늑대는 본성을 전혀 바꾸지 않았습니다. 늙은 늑대의 울음소리를 듣자마자 잔인성을 드러내고 시에르지부에게 달려들었습니다. 주인을 지키고 있던 사냥개가 즉시 늑대의 다리를 물었고, 그들 사이에 싸움이 벌어졌습니다. 그 소리에 시에르지부가 잠에서 깼습니다. 그는 아마도 야생동물이 사냥개와 싸우는 것이라고 생각했습니다. 그는 주위를 둘러보다가 늑대와 개가 서로 싸우고 있는 것을 발견했습니다. 그는 큰 소리로 욕했습니다.

"이봐, 이놈들! 싸우지 마!"

늑대와 개는 이전처럼 조용히 웅크렸습니다. 그들의 싸움이 멈춘 것을 본 시에르지부는 다시 깊은 잠에 빠졌습니다. 멀지 않은 곳에서 늑대들이 울부짖는 소리를 들은 늑대는 사냥꾼 옆에 웅크리고 있다가 즉시 짐승의 본성을 드러냈습니다. 시에르지부에게 달려들어 그의 목을 물려고 했습니다. 바로 그 위급한 순간, 개가 늑대의 갈비뼈를 물었고, 늑대와 개는 다시 싸움을 시작했습니다. 시에르지부가 다시 깨어났고, 늑대와 개가 또 싸우는 것을 발견했습니다. '대체 무슨 일이지? 주위에 아무런 짐승도 없는데 왜 저렇게 계속 싸우는 거지?' 그는 의심을 품었습니다. 의심을 해결하기 위해 그는 자는 척했습니다.

계곡에는 늑대들과 개의 싸우는 소리가 울려 퍼졌습니다. 그 소리를 들은 늑대들을 쫓고 있던 자룬부쿠는 즉시 화살과 활을 들고 소리가 나는 방향으로 달려왔습니다.

총을 내려놓고 시에르지부는 누워 자는 척했습니다. 늑대 몇 마리가 앞으로 다가와 계속해서 울부짖었습니다. 그들의 울음소리는 점점 더 섬뜩해졌습니다. 길들여진 늑대가 펄쩍 뛰어올라 시에르지부를 물려고 하자, 그의 주인을 구한 것은 바로 사냥개였습니다. 시에르지부는 그것을 똑똑히 보았고, '이 배은망덕한 늑대 녀석!'이라고 생각했습니다. 그는 활과 화살을 잡고 쏘려고 했지만, 개와 늑대가 서로 물고 뒹굴고 있었습니다. 그는 화살이 늑대가 아닌 사냥개를 맞힐까 봐 조심스럽게 쏘았지만, 늑대를 맞히지 못했습니다. 그는 당황했습니다. 이미 오래전에 활 쏘기 연습을 그만두었기 때문이었습니다. 늑대들이 사방에 떼 지어 몰려들었고, 이미 시에르지부에게 아주 가까이 다가왔습니다. 다행히도 그 위급한 순간에 자룬부쿠가 도착했습니다. 그는 불빛 아래에서 몇 마리의 늑대들이 시에르지부에게 달려들고 있는 것을 분명히 보았습니다. 자룬부쿠는 친구를 구하기 위해 연속해서 화살을 쏘았고, 화살 한 발에 늑대 한 마리씩 쓰러졌습니다. 그가 시에르지부에게 달려갔을 때, 그는 이미 물린 상처 때문에 기절해 있었습니다. 시에르지부가 깨어날 때까지 늙은 늑대는 아직 숨을 쉬고 있었고, 그는 단도를 잡고 늙은 늑대의 심장을 찔렀습니다. 그는 자신이 길렀던 늑대 또한 아직 숨이 끊어지지 않았다는 것을 발견하고, 힘겹게 일어나 단도로 찌르며 말했습니다.

"이 배은망덕한 짐승 같으니라고! 내가 너를 길러주었는데, 나를 위해 짐승은 잡기는커녕, 나를 잡아먹으려 했으니, 내가 너를 죽이겠다."

시에르지부는 자룬부쿠에게 말했습니다.

"구해줘서 고맙소. 내가 사냥꾼의 본분을 잊었소. 지난 날 당신이 여러 번 경고했지만, 나는 당신의 충고를 든지 않았고, 그래서 하마터면 목숨을 잃을 뻔했소."

자룬부쿠는 약초로 그의 상처를 치료해주며 말했습니다.

"교훈을 얻었으니 다행이오. 이제부터는 늑대를 잡으면 반드시 죽이시오. 그러면 당신은 여전히 좋은 사냥꾼이 될 수 있소."

시에르지부와 자룬부쿠는 다시 친구가 되어 이전처럼 함께 사냥을 했습니다. 지금까지도 오룬춘족 사냥꾼들은 시에르지부의 경험을 기억하며, 늑대를 절대 그냥 지나치지 않는다고 합니다.

Arigaqin kaj Melon-knabino

(de Dahura nacio)

Ĉe bordo de Nenjiang-rivero etendiĝis vasta stepo, kaj inter la stepo kaj montetoj troviĝis vilaĝo, en kiu loĝis dahuroj laboremaj kaj kuraĝaj. Okcidente de la vilaĝo-fino troviĝis terkabano, kie loĝis familio el patro kaj filo. Ili kultivis grandan melonan ĝardenon.

La familio generation post generacio kultivis akvomelonojn. Iliaj melonoj estis grandaj kaj dolĉaj, la karno ruĝa, kaj la semoj nigraj. Dum rikolta sezono de akvomelono, antaŭ la terkabano ofte kolektiĝis multe da homoj. Ĉu viroj kaj virinoj, ĉu maljunaj kaj junaj, ĉiuj alvenis por amuziĝi. Ili manĝis melonon, trinkis vinon, kantis kaj dancis. Arigaqin ofte vidis, ke lia patro jen dancis jen kantis kun granda kaj nigra semo de akvomelono sur manplato: "Dancu, dancu! Dankon al la avo; estas li, kiu donis al ni la vivon pli dolĉan ol mielo. Dancu, dancu..."

Arigaqin aŭdis de la patro, ke la semo estis donacita de melon-feo. La feo atentigis foj-refoje, ke oni bone konservu ĝin kaj heredigu ĝin al la plej laborema kaj plej kuraĝa posteulo de la familio. Ĉu

Arigaqin povos heredi gin? Lia patro neniam faris promeson, kaj nur postulis ke li laboru, kaj lernigis lin pri semado, akvumado, sarkado, sterkado kaj flegado de plantaĵoj. Arigaqin ĉiam konscience plenumadis la laborojn malgraŭ laco.

Arigaqin aĝis 17 jarojn, kia fortika junulo li estis! Li havis altan staturon kaj fortajn manojn kaj gambojn. Li laboris rapide kaj bone, kaj ĉiuj laŭdis ke Arigaqin estas bona knabo! Sed en tiu jaro, ĝuste kiam la melonplanto estis baldaŭ floronta, lia patro grave malsaniĝis, kaj lia vivo estis en danĝero. Arigaqin flegis ĉe li tage kaj nokte. Vidante la malgrasan kaj vaksan vizaĝon, li estis tre malgaja kaj kaŝe ploris. Lia patro malfermetis la okulojn kaj balbutis: "Mia filo, bone memoru, vi laboru diligente, diligente..."

"Jes, mi memoras."

"Jen... ĉe lipangulo de la patro aperis rideto. Li etendis sian manon antaŭ la okulojn de la filo, kaj en la mano estas la granda semo de akvomelono. "Vi semu, semu ĝin..." tiel dirante, li fermis la okulojn.

Dank'al helpado de la samvilaĝanoj, Arigaqin entombigis sian patron sudokcidente de la kampo de akvomelono, kiel la patro testamentis. Li lokis sian tombon sur altejo, por ke li povu de tie vidi la grandan ebenaĵon de Nenjiang-rivero, la akvomelonan kampon kaj la filon en laborado...

Ĉiuj funebrantoj foriris, sed Arigaqin ankoraŭ ne volis forlasi la tombon. Li enterigis la semon sur la tombopinto kaj diris: "Jen la semo kiun vi ŝatas. Nun mi jam enterigis ĝin."

La sekvan frumatenon Arigaqin venis al la tombo de la patro, kaj miris de tio, ke la semo jam ĝermis trarompinte la grundon. La trian tagon li trovis, ke elkreskis ĝermo; la kvaran tagon eĉ elkreskis folioj. Kaj en la postaj tagoj la juna tigo pli kaj pli longiĝis kaj ekfloris... Fine ĝi donis grandan akvomelonon multe pli frue ol aliaj en la kampo. La nigreverda melono kovriĝis de tavolo da blanka pulvoro, kaj strioj estis tre belaj.

Arigaqin diligente laboris sur la akvomelona kampo de mateno ĝis vespero, kaj donis apartan flegadon al la melonplanto sur la tombo de la patro. Eĉ en tempo kiam li nenion bezonis fari, li tamen restis ĉe la melonplanto, por pririgardi la tigon, la foliojn kaj la frukton. Li ne sciis, kial li ju pli ĝin rigardis, des pli ĝin ŝatis. Li longe restadis ĉe la melono, kaj kelkfoje, li eĉ forgesis preni manĝon.

Neatendite, lin trafis la plej korŝira afero. Iuvespere, kiam li estis akvumanta la kampon, subite alflugis nigra nubo de nordokcidente. La nubo vualis la vesperruĝon kaj la sunon. Tuj furiozis ventego, kaj post fulmotondro ekpluvegis kun hajlo, kvazaŭ la pluvo estus verŝata per siteloj. Malgraŭ tio, Arigaqin alkuris per unu spiro al la tombo de la patro kaj vidis, ke la melonplanto ankoraŭ restis, sed ĝia tigo tremegis en la ventopluvego, kvazaŭ ĝi petus Arigaqin savi ĝin. Vidante tion, li sentis korŝiran doloron. Li ĉirkaŭprenis ĝin al la brusto kaj kuŝis kun vizaĝo sur la tero kaj per sia tuta korpo ŝirmis la melonplanton kontraŭ furioza ventopluvego kaj hajlo. La ventego, kvazaŭ trancĉilo, pikus lian dorson. Li svenis... Oni ne sciis, kiom da tempo pasis. En sveno li malklare aŭdis knabinan voĉon: "Arigaqin, Arigaqin! Vi vekiĝu, tuj vekiĝu..." li malfermis la okulojn sed nenion vidis... Li nur sentis, ke la vento ne blovis kaj la pluvo ne falis, sur la ĉielo denove aperis la brilaj steloj, kaj sur la tero respegulis akvo. La melonplanto sub li restis sendifekta, dum la tuta melonkampo estis detruita de la pluvego.

De tiam Arigaqin zorgeme flegis nur la melonplanton, kiu donis nur unu frukton, kaj metis la tutan esperon sur ĝin.

Tagoj post tagoj pasis. La frukto maturiĝis. Arigaqin ĝoje iris kun korbon por deŝiri ĝin. Li ĉirkaŭprenis per manoj kaj forte movis ĝin, sed ĝi neniom moviĝis. Denove li faris kun pli da forto, sed ĝi ankoraŭ restis senmova. Arigaqin ekridis: "Mi ne kredas, ke tia forta viro kia mi, ne povas movi vin?" Li kaptis ĝin ambaŭmane kaj per pli granda forto movis ĝin refoje. La melono ne moviĝis, sed li mem falis teren. Liaj manoj estis vunditaj pikite de ŝtonpeco. Tiam li intencis tranĉi ĝin per ponardo, sed li ne volis fari tiele pro domaĝo. Kia bona estis la akvomelono! Li decidis tranĉi ĝin en la vespero de la Luna Festo (la 15-a de la oka monato laŭ la lunkalendaro), regali la samvilaĝanojn per unu duono kaj la alian oferi al la ĉielo. Li pensis, ke tiam ĉielaj feinoj eble venos frandi la melonon.

Dum Arigaqin dronis en pensado, li aŭdis ridon de knabino: "Ha, ha, Arigaqin, vi juna viro, ne povas movi melonon". La voĉo estis konata por li. Li rigardis ĉirkaŭen sed neniun li vidis. Vere strange! Kiam li palpadis la akvomelonon, lia sango gutis sur la melonon, kaj la melono krevis en du partojn kaj elradiis ruĝa brilo, en kiu staris 17-18-jara knabino. Antaŭ ol Arigaqin parolis, la knabino diris: "Arigaqin, ne timu, mi estas via edzino." La sonoran voĉon li antaŭe aŭdis en ventopluvego. Ŝia dolĉa voĉo tre plaĉis al li. Li fiksis la rigardon sur la knabino: Ŝi havas nigran hararon ondforman kaj rozajn vangojn. Ŝi estas tiel bela kiel plendisvolvita peonio kaj ŝia vizaĝo plenas de ĉarma rideto. Al ŝia mieno Arigaqin rigardis mirigite: "Ĉu vere ŝi devenis el tiu akvomelono? Ŝi devus esti feino, se ne, ŝi ne povus esti tiel bela..."

"Kial vi rigardas al mi? Ĉu vi ne konas min? En tiu ventopluvego, vi protektis min. Mia patro diris, ke vi estas junulo kuraĝa kaj laborema, tial, mi alvenis por..." Ĉiu vorto, kiun la melon-knabino eldiris, estis tiel bela kaj tiel dolĉa. Kaj Arigaqin senpacience demandis: "Por kio vi venis al mi? Ĉu vi bezonas mian helpon? Diru, neniun skrupulon sentu, mi ja estas en via dispono." "Mi venis ne por peti vian helpon, sed por edziniĝi al vi. Kia stultulo vi estas, hi, hi, hi!" ŝi ridis.

En iu bela serena tago okazis nupto de la melon-knabino kaj Arigaqin. Ĉiuj liaj samvilaĝanoj gratulis, ke Arigaqin akiris belan kaj kapablan edzinon. Maljunuloj donacis al ili belajn vestojn kaj junuloj freŝajn florojn. La tuta vilaĝo dronis en festa gajeco, ĉiuj kantis kaj dancis pro la ĝojo.

Oni kredas, ke la loko, kie iam loĝis la melon-knabino kaj Arigaqin, estas la nuna Yaersai, areo de dahuranoj, en la antaŭurbo de Cicihar. Nun tie ankoraŭ abundas akvomelonoj. Pro dolĉeco kaj sukopleneco, ĝi ĝuas bonfamon tra la tuta lando. Oni diras, ke la speco de la akvomelono ja estis heredigita de la melon-knabino kaj Arigaqin.

아리가친과 수박 아가씨

(다후르족)

넨강(Nenjiang) 강변에는 드넓은 초원이 펼쳐져 있었고, 초원과 언덕 사이에는 부지런하고 용감한 다후르족이 사는 마을이 있었습니다. 마을 서쪽 끝에는 부자(父子)가 사는 흙집이 있었는데, 그들은 큰 수박밭을 가꾸고 있었습니다.

그 가족은 대대로 수박을 재배했습니다. 그들의 수박은 크고 달았으며, 속은 붉고 씨는 검었습니다. 수박 수확철이 되면 흙집 앞에는 많은 사람이 모여들었습니다. 남녀노소 할 것 없이 모두 와서 즐거운 시간을 보냈습니다. 그들은 수박을 먹고, 술을 마시며, 노래하고 춤을 추었습니다. 아리가친(Arigaqin)은 종종 아버지가 손바닥 위에 크고 검은 수박씨를 올려놓고 춤추고 노래하는 것을 보았습니다.

"춤춰라, 춤춰! 할아버지께 감사하자. 우리에게 꿀보다 더 달콤한 삶을 주셨으니. 춤춰라, 춤춰."

아리가친은 아버지로부터 그 씨가 수박 선녀에게서 받은 것이라는 이야기를 들었습니다. 선녀는 그 씨를 잘 보관하여 가장 부지런하고 용감한 후손에게 물려주라고 거듭 당부했습니다. 아리가친이 그 씨앗을 물려받을 수 있을까요? 그의 아버지는 결코 약속하지 않았고, 그저 그에게 열심히 일하라고 요구하며 씨 뿌리기, 물 주기, 김매기, 거름주기, 작물 돌보기 등을 가르쳤습니다. 아리가친은 피곤해도 항상 양심적으로 그 일들을 해냈습니다.

아리가친이 17살이 되었을 때, 그는 매우 건장한 청년이었습니다! 키가 크고 팔다리가 튼튼했습니다. 일도 빠르고 잘해서 모두가 아리가친은 훌륭한 청년이라고 칭찬했습니다! 하지만 그 해, 수박 덩굴에 막 꽃이 피려 할 무렵 그의 아버지가 위독해져 목숨이 위태로웠습니다. 아리가친은 밤낮으로 아버지를 간호했습니다. 야위고 핏기 없는 아버지의 얼굴을 보며 그는 너무 슬퍼 몰래 눈물을 흘렸습니다. 그의 아버지는 눈을 살짝 뜨고 더듬거리며 말했습니다.

"아들아, 잘 기억해라, 부지런히 일해야 한다, 부지런히."

"네, 기억하겠습니다."

"이것은." 아버지의 입가에 미소가 번졌습니다. 그는 아들의 눈앞에 손을 내밀었고, 그 손에는 크고 검은 수박씨가 있었습니다. "이것을 심어라, 심어." 이렇게 말하며 그는 눈을 감았습니다.

마을 사람들의 도움으로 아리가친은 아버지가 유언한 대로 수박밭 남서쪽에 아버지를 묻었습니다. 아버지는 자신이 그곳에서 넨강의 드넓은 평원과 수박밭, 그리고 일하는 아들을 볼 수 있도록 언덕 위에 묘를 만들어달라고 했습니다.

모든 조문객이 떠났지만, 아리가친은 여전히 묘를 떠나고 싶지 않았습니다. 그는 씨를 무덤 꼭대기에 묻으며 말했습니다.

"이것은 당신이 좋아하시던 씨입니다. 이제 제가 심었습니다."

다음 날 이른 아침, 아리가친이 아버지의 묘에 왔을 때, 그는 씨가 이미 땅을 뚫고 싹을 틔운 것을 보고 놀랐습니다. 사흘째 되는 날에는 싹이 더 자라 있었고, 나흘째 되는 날에는 잎까지 돋아 있었습니다. 그리고 며칠 후 어린 줄기는 점점 더 길어졌고 꽃이 피기 시작했습니다... 마침내 밭의 다른 수박들보다 훨씬 일찍 큰 수박 하나가 열렸습니다. 검푸른 수박에는 하얀 분말이 덮여 있었고, 줄무늬가 매우 아름다웠습니다.

아리가친은 아침부터 저녁까지 수박밭에서 부지런히 일했고, 아버지의 묘에 있는 수박 덩굴은 특별히 더 정성껏 돌보았습니다. 딱히 할 일이 없을 때에도 그는 그 수박 덩굴 곁에 머물며 줄기와 잎, 열매를 바라보았습니다. 그는 왜 보면 볼수록 그것이 더 좋은지 알 수 없었습니다. 그는 오랫동안 수박 곁에 머물렀고, 때로는 밥 먹는 것도 잊을 정도였습니다.

예상치 않게, 그에게 가장 가슴 아픈 일이 닥쳤습니다. 어느 날 저녁, 그가 밭에 물을 주고 있을 때, 갑자기 북서쪽에서 검은 구름이 몰려왔습니다. 구름은 저녁노을과 해를 가렸습니다. 곧이어 폭풍이 몰아쳤고, 천둥 번개와 함께 마치 양동이로 퍼붓는 듯한 우박 섞인 폭우가 쏟아졌습니다. 그럼에도 불구하고 아리가친은 한달음에 아버지의 묘로 달려갔습니다. 그는 수박 덩굴이 여전히 남아 있는 것을 보았지만, 그 줄기는 폭풍우 속에서 심하게 흔들리고 있었고, 마치 아리가친에게 자신을 구해달라고 애원하는 것 같았습니다. 이 모습을 본 그는 가슴이 찢어지는 듯한 고통을 느꼈습니다. 그는 수박을 가슴에 안고 얼굴을 땅에 댄 채 온몸으로 사나운 폭풍우와 우박으로부터 수박 덩굴을 보호했습니다. 칼날 같은 바람이 그의 등을 찔렀습니다. 그는 기절했습니다. 얼마나 시간이 흘렀는지는 알 수 없었습니다. 기절한 상태에서 그는 희미하게 한 소녀의 목소리를 들었습니다.

"아리가친, 아리가친! 깨어나세요, 어서 깨어나요."

그는 눈을 떴지만 아무것도 보이지 않았습니다. 그는 단지 바람이 멈추고 비가 그쳤다는 것을 느꼈습니다. 하늘에는 다시 밝은 별들이 나타났고, 땅에는 물이 비치고 있었습니다. 그의 아래에 있던 수박 덩굴은 온전했지만, 수박밭 전체는 폭우로 망가져 있었습니다.

그때부터 아리가친은 오직 단 하나의 열매를 맺은 그 수박 덩굴만 정성껏 돌보며 모든 희망을 걸었습니다.

며칠이 흘러 열매가 익었습니다. 아리가친은 기쁘게 바구니를 들고 그것을 따러 갔습니다. 그는 두 손으로 그것을 안고 힘껏 흔들었지만, 전혀 움직이지 않았습니다. 다시 한번 더 힘을 주었지만, 여전히 꼼짝하지 않았습니다. 아리가친은 웃었습니다.

"나처럼 힘센 사내가 너 하나 못 옮길 줄 알아?"

그는 두 손으로 수박을 잡고 더 큰 힘으로 다시 흔들었습니다. 수박은 움직이지 않았고, 그만 땅에 넘어졌습니다. 돌멩이에 찔려 그의 손은 상처를 입었습니다. 그때 그는 단도로 그것을 자르려고 했지만, 아까워서 그렇게 할 수 없었습니다. 그 수박은 너무나 좋았습니다! 그는 보름달 축제(음력 8월 15일) 저녁에 그것을 잘라 한쪽은 마을 사람들과 나누고, 다른 한쪽은 하늘에 바치기로 결심했습니다. 그는 그때 하늘의 선녀들이 수박을 먹으러 올지도 모른다고 생각했습니다.

아리가친이 생각에 잠겨 있을 때, 한 소녀의 웃음소리가 들렸습니다.

"하하하, 아리가친, 당신처럼 젊은 남자가 수박 하나 못 옮기다니."

그 목소리는 그에게 익숙했습니다. 그는 주위를 둘러보았지만 아무도 보이지 않았습니다. 정말 이상했습니다! 그가 수박을 더듬거릴 때, 그의 피가 수박 위로 떨어졌고, 수박은 두 쪽으로 갈라지며 붉은 빛을 내뿜었습니다. 그 빛 속에 17-18세의 소녀가 서 있었습니다. 아리가친이 말을 꺼내기도 전에 소녀가 말했습니다.

"아리가친, 두려워하지 마세요, 저는 당신의 아내예요."

그 맑은 목소리는 그가 폭풍우 속에서 들었던 목소리였습니다. 그녀의 달콤한 목소리는 그에게 매우 즐거움을 주었습니다. 그는 소녀를 뚫어지게 바라보았습니다. 그녀는 물결치는 검은 머리카락에 장밋빛 뺨을 가졌습니다. 활짝 핀 모란처럼 아름다웠고, 얼굴에는 사랑스러운 미소가 가득했습니다. 그녀의 모습을 본 아리가친은 놀라움에 휩싸였습니다. '정말로 저 수박에서 나왔을까? 선녀임이 틀림없어, 그렇지 않다면 이렇게 아름다울 리가 없지...'

"왜 그렇게 저를 쳐다보세요? 저를 모르세요? 그 폭풍우 속에서 당신이 저를 지켜주었잖아요. 저희 아버지가 당신은 용감하고 부지런한 청년이라고 말해주셨어요. 그래서 제가 왔어요."

수박 아가씨가 말하는 한마디 한마디는 너무나 아름답고 달콤했습니다. 아리가친은 초조하게 물었습니다.

"저에게 왜 오신 건가요? 제 도움이 필요한가요? 말해주세요, 주저하지 마세요. 저는 언제든 당신을 도울 준비가 되어 있습니다."

"저는 당신의 도움을 구하러 온 것이 아니라, 당신과 결혼하러 왔어요. 정말 바보 같네요, 히히히!"

그녀가 웃었습니다.

어느 아름답고 맑은 날, 수박 아가씨와 아리가친의 결혼식이 열렸습니다. 모든 마을 사람들이 아리가친이 아름답고 능력 있는 아내를 얻었다고 축하해주었습니다. 노인들은 그들에게 아름다운 옷을 선물했고, 젊은이들은 신선한 꽃을 주었습니다. 마을 전체는 축제 분위기에 휩싸였고, 모두가 기쁨에 겨워 노래하고 춤을 추었습니다.

사람들은 수박 아가씨와 아리가친이 살았던 곳이 바로 지금의 치치하얼(Qiqihar) 교외에 있는 다후르족 거주 지역인 야얼사이(Yaersai)라고 믿습니다. 지금도 그곳에는 수박이 풍부합니다. 달고 즙이 많아 전국적으로 좋은 평판을 얻고 있습니다. 그 수박의 품종은 바로 수박 아가씨와 아리가친으로부터 전해 내려온 것이라고 합니다.

Roko Oriolsopiranto

(de Hana nacio)

Sur la Agla Monto nordoriente de la urbeto Nong'an staras homfigura roko, kiun oni nomas Oriolsopiranto. Iuj maljunuloj ankoraŭ memoras la belan rakonton pri ĝi.

Antaŭ tre longa tempo, piede de la Agla Monto Ioĝis laborema kaj kuraĝa junulo Zhang Shan kaj lia maljuna patrino. Li jam aĝis pli ol dudek jarojn, sed ankoraŭ ne edziĝis pro malriĉeco.

Estis sekega jaro kaj la patrino grave malsaniĝis. Por kuraci sian malsanon, Zhang Shan kolektis diversajn drogherbojn, sed la malsano neniom malpeziĝis. Li aŭdis, ke sur la monto kreskas magia herbo, vera panaceo por kuraci ĉiujn malsanojn. Li konfidis sian patrinon al sia najbaro kaj suriris la monton por serĉi la panacean herbon.

La Agla Monto estis kaj vasta kaj alta, kaj kie oni povis trovi tian herbon? Zhang Shan transgrimpis 99 montojn kaj travadis 99 riverojn kaj fine alvenis al klifo. Apenaŭ li volis sidiĝi sub arbo por iom ripozi, li sentis trablovon super sia kapo. Li atente rigardis kaj vidis nigran aglon flugantan nordokcidenten, kaj sub ĝiaj ungoj falĉilosimilaj estis oriolo. Ekkoleris Zhang Shan: "Antaŭe mi scias nur, ke en la mondo nur homoj premas homojn, kaj tute ne atendis, ke ankaŭ en la birda mondo troviĝas premanto." Li streĉis sian arkon kaj pafis tri sagojn. La aglo estis trafita kaj kriante falis sub la klifon kaj la oriolo sur herbejon. Zhang Shan levis ĝin kaj trovis, ke ĝi ankoraŭ vivas, sed la flugiloj kaj la maldekstra piedo negrave vundiĝis, kaj la plumaro estis makulita de la sango. La birdo tremis en la manoj de Zhang Shan.

La kompatinda birdeto vekis simpation ĉe Zhang Shan. Forviŝante la sangon li al ĝi diris: "Etulo, vi ne timu, mi ne vundos vin." Poste li bone pansis ĝin. Estas mirinde, ke la oriolo kvazaŭ komprenis kion Zhang Shan diris, kaj fariĝis kvieta. Ĝi pepis kelkfoje kaj stariĝis frapante la flugilojn. Ĉe la momento, Zhang Shan ekridis kaj diris en ĝojo: "La aglon mi jam pafmortigis kaj nun forflugu rapide." La oriolo denove kriis du fojojn. Estis malheliĝonte. Zhang Shan refoje instigis: "Mia etulo, flugu rapide, via panjo atendas vin." Menciante pri hejmreiro, Zhang Shan multe sopiris sian patrinon kaj suspiris dirante: "Ho, ankaŭ mi povos reiri hejmen, kiam mi sukcesos trovi la magian herbon!" Apenaŭ Zhang Shan diris tion, la oriolo ekflugis. Super lia kapo ĝi flugis tri rondojn kaj poste malaperis en malproksimo. Dum flugado ĝi senĉese returnis la kapon al li kaj pepis, kvazaŭ ĝi ne volus disiĝi. Ĉivespere Zhang Shan tranoktis en arbokavo. En tiu nokto li bone dormis kaj havis belan sonĝon, ke li, kun la magia herbo, revenis hejmen, la patrino tuj resaniĝis pro la magia herbo. Subite ruĝa lumo vekis Zhang Shan. Kio okazis? Li eliris el la arbokavo kaj trovis, ke la lumo estas elsendita de la magia herbo tenata en la beko de la oriolo staranta ĉe la kavo. Kun ĝojego Zhang Shan ambaŭmane prenis la oriolon kriante: "Jen tion mi jam trovis!" Sed li perdis la orientiĝon kaj ne povis retrovi la elirejon. La oriolo kvazaŭ komprenus, pro kio maltrankviliĝis Zhang Shan. Ĝi mallaŭte kriis kelkajn fojojn kaj malproksimen rigardis, kvazaŭ ĝi dirus al li: "Sekvu min, mi scias la vojon." Ĝi bekis al li la manikon kaj ekflugis. Zhang Shan sekvis ĝin. Post 49 tagoj ili fine iris el la monto. Kiel ĝojega li estis, kiam la vilaĝo aperis antaŭ liaj okuloj. Li riverencis al la oriolo foje-refoje kaj diris: "Ho, mia birdeto, multajn dankojn al vi, ke vi helpis min trovi fine la magian herbon kaj kondukis min al la hejmo. Kaj nun ankaŭ vi devas hejmeniri. Certe via panjo atendas vin." Sed ĝi ne moviĝis, ŝajne el ĝiaj okuloj falis larmoj. Vidinte tion, Zhang Shan diris: "Ĉu vi ne havas hejmon? Se ne, vivu kun mi, ĉu bone?" Tiele la oriolo restis ĉe Zhang Shan.

De kiam Zhang Shan forlasis sian hejmon, la tirana bienulo Song Laodiao ofte sendis al lia patrino por devigi repagon de ŝuldo. Post nelonge ŝi mortis de malsano kaj kolero. Informiĝinte pri tio, Zhang Shan intencis venĝi la patrinon kontraŭ la tirana bienulo. La samvilaĝanoj baris al li admonante: "La plej sovaĝa sur monto estas tigro kaj la plej kruela en la mondo estas bienulaĉo. Song Laodiao estas subtenata de la lokaj instancoj. Estu tolerema." Zhang Shan portempe forlasis venĝon por la patrino.

La malriĉaj kamparanoj vivis en mizero, kaj Zhang Shan pli multe. Li aŭ laboris sur la kampo aŭ ĉasis sur montoj. De kiam la patrino mortis, li fariĝis pli soleca kaj pli malgaja, kaj nur la oriolo povis iom ĝojigi lin.

Iun tagon, kiam Zhang Shan paŝis en sian domon kaj vidis la kaldronon vaporanta. Li levis la kovrilon kaj trovis, ke en la kaldrono estas manĝaĵo preparita. Li demandis la najbarojn, sed neniu sciis pri tio. La sekvantan tagon li vidis la samon. Tio ripetadis en pluraj tagoj. Kiu preparis la manĝaĵojn por mi? Zhang Shan pensis kaj pensadis, sed neniel povis solvi la enigmon. Li decidis resti hejme por observi la aferon.

Estis plenluna nokto. Subite malfermiĝis la pordo kaj enpaŝis knabino. Ŝi vestiĝis en helkoloraj vestoj kaj estis pli bela ol figuro sur pentraĵo. Zhang Shan, kaŝita ekster la domo, estis fascinita de la knabino. Kiu ŝi estis? Li ekkriis, kio surprizis ŝin. Ŝi ekridetis kun premitaj lipoj, mallevis la kapon, kaj diris mallaŭte: "Ha, fraĉjo Zhang Shan, certe vi malsatiĝis." Sed ŝia familiara saluto pli konfuzis Zhang Shan. "Reale kiu estas vi?" li demandis la knabinon. Anstataŭ respondi ŝi nur montris per fingro al angulo de la ĉambro. Zhang Shan vidis tie oriolan haŭton kun plumaro. Aha, tiu knabino ja estas la oriolo! En ĝojego Zhang Shan sin pafis en la domon kaj kaptis ŝiajn manojn. De tiam li havis belan edzinon.

Kiam Song Laodiao informiĝis pri la afero, li plurajn noktojn sendormis pro ĵaluzo. Venis al li en la kapon la ideo rabi ŝin. Sed li timis malsukceson. Iun tagon, profite de tio, ke Zhang Shan forestis de hejmo, la bienulaĉo alivestis sin kiel almozulon kaj eniris lian domon. Rimarkinte ke la alveninto estas malriĉulo, la oriolo-knabino en kompato donis al li bovlon da manĝaĵo. Kiel Song Laodiao povis manĝi tiel krudan manĝaĵon? Li volupte kaptis ŝin per obscena rigardo. Vidinte lian abomenindan mienon ŝi kredis, ke li ne estas bona homo, kaj intencis forpeli lin. Song malkaŝis sian identecon: "Vi, tiel bela knabino, devas vin vesti per silkaĵo kaj oro. Mi havas multe da luksaj vestoj. Sed kion Zhang Shan povas doni al vi?" La knabino diris kun rikano: "Zhang Shan ja estas malriĉa, sed plej bonan koron li havas. Vi estas riĉa, sed la koro senhomeca." Song koleriĝis kaj nenion povis diri krom balbuti. Li mansvingis al la sekvantoj embuskantaj ekstere, kaj la korto tuj estis sieĝita. Kion fari! Ŝi firmiĝis en sia decido kaj ruliĝis sur la haŭto, tuj fariĝis oriolo kaj flugis al la ĉielo. La kruela Song Laodiao streĉis la arkon kaj la sago trafis ĝin. Kun dolora krio la birdo flugis al la Agla Monto, kaj sango gutis teren formante strion de makuloj.

Denove estis plenluna nokto. Zhang Shan kantante revenis hejmen kun ĉasforko. Kiam li paŝis en la korton, li trovis, ke ĉiuj objektoj estis disĵetitaj, kaj la forno malvarma. Pli terure estis, ke lia edzino forestis de la domo. Li demandis najbarojn, sed neniu sciis. Li serĉadis ĝis la tagiĝo kaj fine li trovis sangomakulojn surtere. En korŝira doloro li eliris serĉi la edzinon spurante la sangomakulojn. Liaj larmoj falis sur la sangomakulojn.

Li ne sukcesis trovi la edzinon. Post sola nokto li tute aliaspektiĝis: multe longiĝis la lipharoj, enfalis la okuloj kaj griziĝis la vizaĝo. Li mutiĝis, nenion manĝis kaj nur akrigadis senĉese sian ĉasforkon.

En la sekvanta tago inter la vilaĝanoj transdiriĝis informo, ke la tirano Song estis senkapigita. Unu tagon poste, la pajla kabano de Zhang Shan bruliĝis kaj li malaperis. Oni diris, ke estis Zhang Shan, kiu mortigis Song, bruligis sian kabanon kaj fuĝis en la monton, dum la lokaj instancoj lin serĉis. Sed la vilaĝanoj ne kredis kaj ĉiuj havis malserenan koron. Ĉiutage ili preĝadis rigardante al la monto: "Zhang Shan, kie vi estas? Kiel profunde ni malĝojas!"

Efektive Zhang Shan iris serĉi sian edzinon. Li transiris 99 valojn kaj 99 riverojn, kaj malfacile atingis la klifon, kie li pafmortigis la aglon. La loko estis sama kiel antaŭe, sed jam ne estis la oriolo. Zhang Shan palpis la kavon de la arbo, en kiu li iam tranoktis, kaj la arbo nur skuis sian kapon senvorte. Li iris sur la klifon, kaj sube la fluanta akvo kvazaŭ plorus. Li rigardis al la herbejo, kie falis la oriolo, kaj trovis, ke la faligitaj herboj jam restariĝis. Vidinte ĉion ĉi tion, Zhang Shan sentis, ke la koro estas disŝirata. Li kvazaŭ vidus, ke la oriolo flugas kun la magia herbo sur lian kapon, ke en la hela ĉambro la oriolo-knabino estas preparanta por li manĝaĵon. Zhang Shan etendis la manojn por kapti ŝin, sed je tio ĉio malaperis. Li kriis malĝoje: "Orioleto, ho mia orioleto, mi savis vin el la ungegoj de la aglo, sed la bienulaĉo murdis vin! Li estas pli feroca ol la aglo! Kie vi estas? Tuj vi revenu!" Zhang Shan tiel murmuris kaj samtempe malvolvis tukon ligitan ĉe la talio: la kapo de Song Laodiao elfalis teren. Tuj ĝin Zhang Shan piedbatis kontraŭ ŝtono. Li genuis kaj klinsalutis al la ĉielo. Poste li sidiĝis sur roko vizaĝe al la direkto de kie alflugis la oriolo. Ŝajne li estis laca kaj volis iom ripozi kaj atendi la revenon de la oriolo. Li sidis, sidis tie kaj neniom moviĝis...

Alternis la sezonoj, kaj paŝis kelke da jaroj. La kara oriolo ne revenis al Zhang Shan, kaj ankaŭ li ne revenis inter la samvilaĝanojn. Li restis tie senmova. Post longa longa tempo li ŝtoniĝis. Por karmemori la junulon honestan kaj fidelan, oni nomis la rokon "Oriolsopiranto".

꾀꼬리를 기다리는 바위

(한족)

농안(Nong'an) 마을 북동쪽에 있는 독수리산(Agla Monto)에는 사람 형상의 바위가 하나 서 있는데, 사람들은 그 것을 꾀꼬리를 기다리는 바위라고 부릅니다. 몇몇 노인들은 아직도 그것에 얽힌 아름다운 이야기를 기억하고 있습니다.

아주 오래전, 독수리산 기슭에 부지런하고 용감한 청년 장산(Zhang Shan)과 그의 늙은 어머니가 살고 있었습니다. 그는 이미 20살이 넘었지만, 기난 때문에 아직 결혼하지 못했습니다.

가뭄이 심하게 든 해였고, 어머니는 중병에 걸렸습니다. 어머니의 병을 고치기 위해 장산은 갖가지 약초를 모았지만, 병세는 전혀 나아지지 않았습니다. 그는 산에 모든 병을 고칠 수 있는 만병통치약인 신비한 약초가 자란다는 소문을 들었습니다. 그는 어머니를 이웃에게 맡기고 신비한 약초를 찾아 산에 올랐습니다.

독수리산은 넓고 높았는데, 대체 어디서 그런 약초를 찾을 수 있겠습니까? 장산은 99개의 산을 넘고 99개의 강을 건너 마침내 절벽에 도착했습니다. 그가 막 나무 아래에 앉아 잠시 쉬려고 하는데, 갑자기 머리 위로 바람 소리가 들렸습니다. 자세히 보니 검은 독수리가 북서쪽으로 날아가고 있었고, 독수리의 낫 같은 발톱에는 꾀꼬리 한 마리가 잡혀 있었습니다. 장산은 화가 치밀었습니다.

"나는 세상에 오직 인간만이 인간을 억압하는 줄 알았는데, 새들의 세계에도 억압하는 자가 있을 줄이야."

그는 활을 당겨 세 발의 화살을 쏘았습니다. 독수리는 화살을 맞고 비명을 지르며 절벽 아래로 떨어졌고, 꾀꼬리는 풀밭 위로 떨어졌습니다. 장산은 꾀꼬리를 들어 올렸는데, 아직 살아 있었지만 날개와 왼쪽 다리가 가볍게 다쳤고 깃털은 피로 얼룩져 있었습니다. 새는 장산의 손 안에서 떨고 있었습니다.

불쌍한 작은 새는 장산의 동정심을 불러일으켰습니다. 그는 피를 닦아주며 말했습니다.

"아가야, 무서워하지 마, 나는 너를 해치지 않아."

그리고는 조심스럽게 치료해 주었습니다. 놀랍게도 꾀꼬리는 장산의 말을 이해한 듯 조용해졌습니다. 몇 번 지저귀더니 날개를 퍼덕이며 일어섰습니다. 그 순간, 장산은 기뻐하며 웃었습니다.

"독수리는 이미 내가 쏴 죽였으니, 이제 빨리 날아가렴."

꾀꼬리는 다시 두 번 울었습니다. 이미 어둠이 내리고 있었습니다. 장산은 다시 한번 재촉했습니다.

"아가야, 빨리 날아가렴, 너희 엄마가 기다리실 거야."

집으로 돌아가는 이야기를 하자, 장산은 어머니가 몹시 그리워 한숨을 쉬며 말했습니다.

"아, 나도 신비한 약초를 찾으면 집으로 돌아갈 수 있을 텐데!"

장산이 이 말을 하자마자 꾀꼬리가 날아올랐습니다. 그의 머리 위를 세 바퀴 돌고는 멀리 사라졌습니다. 날아가는 동안 꾀꼬리는 계속해서 그에게 고개를 돌리고 지저귀었고, 마치 헤어지기 싫어하는 것 같았습니다. 그날 밤 장산은 나무 구멍 속에서 잠을 잤습니다. 그날 밤, 그는 깊은 잠에 빠져, 꿈 속에서 마법의 약초를 들고 집으로 돌아왔고, 어머니는 그 약초 덕분에 곧바로 건강을 되찾는 아름다운 꿈을 꾸었습니다. 갑자기 붉은 빛이 장산을 깨웠습니다. 무슨 일일까요? 그는 나무 구멍에서 나와, 꾀꼬리 한 마리가 부리에 마법의 약초를 물고 서 있는 것을 발견했습니다. 그 빛은 바로 그 약초에서 나오고 있었습니다. 장산은 기쁨에 겨워 꾀꼬리를 두 손으로 받쳐 들고 소리쳤습니다.

"이것이 바로 내가 찾던 것이었어!"

하지만 그는 방향을 잃어 돌아갈 길을 찾을 수 없었습니다. 꾀꼬리는 장산이 무엇 때문에 불안해하는지 이해한 듯했습니다. 마치 "나를 따라와, 내가 길을 알아"라고 말하는 것처럼 나지막이 몇 번 울고 멀리 바라보았습니다. 그리고 부리로 그의 소매를 쪼고는 날아갔습니다. 장산은 그

것을 따라갔습니다. 49일 후, 그들은 마침내 산을 빠져나왔습니다. 마을이 눈앞에 나타났을 때 그는 너무 기뻤습니다. 그는 꾀꼬리에게 몇 번이고 절하며 말했습니다.

"아, 나의 작은 새야, 네가 나를 도와 마침내 신비한 약초를 찾고 집으로 돌아올 수 있게 해주어서 정말 고마워. 이제 너도 집으로 돌아가야 해. 분명히 너희 엄마가 너를 기다리실 거야."

하지만 꾀꼬리는 움직이지 않았고, 눈에서는 눈물이 흐르는 듯 보였습니다. 그 모습을 본 장산은 말했습니다.

"너는 집이 없니? 만약 없다면, 나와 함께 살자, 어때?"

그렇게 꾀꼬리는 장산과 함께 머물게 되었습니다.

장산이 집을 떠난 이후로, 폭군 지주인 송라오디아오(Song Laodiao)는 자주 그의 어머니에게 사람을 보내 빚을 갚으라고 강요했습니다. 얼마 지나지 않아 그녀는 병과 분노로 세상을 떠났습니다. 이 사실을 알게 된 장산은 어머니의 복수를 위해 폭군 지주에게 복수하려 했습니다. 마을 사람들이 그를 말리며 충고했습니다.

"산에서 가장 사나운 것은 호랑이이고, 세상에서 가장 잔인한 것은 악덕 지주요. 송라오디아오는 지방 관아의 비호를 받고 있소. 참으시오."

장산은 잠시 어머니를 위한 복수를 미루었습니다.

가난한 농부들은 비참하게 살았고, 장산은 더욱 비참했습니다. 그는 밭에서 일하거나 산에서 사냥을 했습니다. 어머니가 돌아가신 후, 그는 더욱 외롭고 슬퍼졌고, 오직 꾀꼬리만이 그를 조금이나마 기쁘게 해줄 수 있었습니다.

어느 날, 장산이 집으로 들어섰을 때 솥에서 김이 나는 것을 보았습니다. 그는 뚜껑을 열었고, 솥 안에는 음식이 준비되어 있었습니다. 그는 이웃들에게 물었지만, 아무도 그 사실을 알지 못했습니다. 다음 날에도 그는 똑같은 것을 보았습니다. 이런 일이 며칠 동안 계속 반복되었습니다. '대체 누가 나를 위해 음식을 준비해주는 거지?' 장산은 계속 생각했지만, 수수께끼를 풀 수 없었습니다. 그는 이 일을 관찰하기 위해 집에 머물기로 결심했습니다.

보름달이 뜬 밤이었습니다. 갑자기 문이 열리고 한 소녀가 들어왔습니다. 그녀는 밝은 색의 옷을 입고 있었고, 그림 속 인물보다 더 아름다웠습니다. 집 밖에 숨어 있던 장산은 소녀에게 첫눈에 반했습니다. '대체 누구지?' 그가 소리쳤고, 그녀는 깜짝 놀랐습니다. 그녀는 입을 다물고 미소를 지으며 고개를 숙이고 나지막이 말했습니다.

"하, 장산 도련님, 분명 배가 고프셨겠군요."

하지만 그녀의 다정한 인사는 장산을 더욱 혼란스럽게 했습니다.

"정말로 당신은 누구입니까?"

그가 소녀에게 물었습니다. 그녀는 대답 대신 방 한구석을 손가락으로 가리켰습니다. 장산은 그곳에 꾀꼬리 깃털이 있는 가죽이 놓여 있는 것을 보았습니다. '아하, 이 소녀는 바로 그 꾀꼬리였구나!' 기쁨에 겨워 장산은 집으로 뛰어 들어가 그녀의 손을 잡았습니다. 그때부터 그는 아름다운 아내를 얻게 되었습니다.

　송라오디아오는 이 사실을 알고는 질투심에 여러 날 밤을 잠 못 이루었습니다. 그녀를 납치할 생각이 그의 머릿속에 떠올랐습니다. 하지만 그는 실패할까 봐 두려웠습니다. 어느 날, 장산이 집에 없는 틈을 타 악덕 지주는 거지로 변장하고 그의 집으로 들어갔습니다. 찾아온 사람이 가난한 사람이라는 것을 알아차린 꾀꼬리 아가씨는 동정심에 그에게 음식을 한 그릇 주었습니다. 송라오디아오가 어떻게 그런 거친 음식을 먹을 수 있었을까요? 그는 음탕한 눈빛으로 그녀를 탐욕스럽게 바라보며 붙잡으려 했습니다. 그의 혐오스러운 표정을 본 그녀는 그가 좋은 사람이 아니라고 생각했고, 그를 쫓아내려 했습니다. 송은 자신의 신분을 밝혔습니다.

　"당신처럼 아름다운 여인은 비단옷과 황금을 걸쳐야 하오. 나에게는 수많은 호화로운 옷이 있소. 하지만 장산이 당신에게 무엇을 줄 수 있단 말이오?"

　소녀는 비웃으며 말했습니다.

　"장산은 진짜 가난하지만 가장 착한 마음을 가졌소. 당신은 부자지만, 마음이 인간답지 못하오."

　송은 화가 나서 더듬거리며 아무 말도 하지 못했습니다. 그는 밖에 매복해 있던 부하들에게 손짓했고, 마당은 순식간에 포위되었습니다. 어떻게 해야 할까요! 그녀는 결심을 굳히고 가죽 위에서 몸을 굴려 즉시 꾀꼬리로 변해 하늘로 날아갔습니다. 잔인한 송라오디아오는 활을 당겼고, 화살은 그녀를 맞혔습니다. 고통스러운 비명과 함께 새는 독수리산으로 날아갔고, 피가 땅에 떨어져 흔적을 남겼습니다.

다시 보름달이 뜬 밤이었습니다. 장산은 사냥용 쇠꼬챙이를 들고 노래를 부르며 집으로 돌아왔습니다. 마당으로 들어섰을 때, 그는 모든 물건이 흩어져 있고 화덕이 식어 있는 것을 발견했습니다. 더 끔찍한 것은 그의 아내가 집에 없다는 것이었습니다. 그는 이웃들에게 물었지만, 아무도 아는 사람이 없었습니다. 그는 날이 밝을 때까지 찾아다녔고, 마침내 땅에서 핏자국을 발견했습니다. 가슴 찢어지는 고통 속에서 그는 핏자국을 따라 아내를 찾아 나섰습니다. 그의 눈물은 핏자국 위로 떨어졌습니다.

그는 아내를 찾는 데 성공하지 못했습니다. 혼자 밤을 보낸 후 그는 완전히 다른 모습이 되었습니다. 수염은 길게 자랐고, 눈은 움푹 들어갔으며, 얼굴은 회색빛이 돌았습니다. 그는 말도 하지 않고, 음식도 먹지 않으며, 오직 자신의 사냥용 쇠꼬챙이만 계속해서 갈았습니다.

다음 날 마을 사람들 사이에 폭군 송이 참수당했다는 소식이 전해졌습니다. 하루 뒤, 장산의 초가집이 불에 탔고 그는 사라졌습니다. 사람들은 장산이 송을 죽이고, 자신의 집을 불태운 뒤 산으로 도망쳤으며, 지방 관아에서 그를 찾고 있다고 말했습니다. 하지만 마을 사람들은 믿지 않았고, 모두 불안한 마음을 가졌습니다. 매일 그들은 산을 바라보며 기도했습니다.

"장산, 어디에 계세요? 우리는 너무 슬퍼요!"

실제로 장산은 아내를 찾아 나섰습니다. 그는 99개의 계곡과 99개의 강을 건너, 어렵게 독수리를 쏴 죽였던 절벽에 도착했습니다. 그곳은 예전과 같았지만, 꾀꼬리는 더 이상 없었습니다. 장산은 예전에 밤을 보냈던 나무 구멍을 더듬었지만, 나무는 아무 말 없이 고개를 흔들 뿐이었습니다. 그는 절벽 위로 올라갔고, 아래로 흐르는 물은 마치 울고 있는 것 같았습니다. 그는 꾀꼬리가 떨어졌던 풀밭을 바라보았고, 쓰러졌던 풀들이 이미 다시 일어선 것을 발견했습니다. 이 모든 것을 본 장산은 심장이 찢어지는 듯한 고통을 느꼈습니다. 그는 마치 꾀꼬리가 신비한 약초를 물고 자신의 머리 위로 날아오는 것을 보는 것 같았고, 밝은 방에서 꾀꼬리 아가씨가 자신을 위해 음식을 준비하는 것을 보는 것 같았습니다. 장산은 그녀를 잡으려고 손을 뻗었지만, 그 순간 모든 것이 사라졌습니다. 그는 슬프게 소리쳤습니다.

"작은 꾀꼬리야, 오 나의 작은 꾀꼬리야, 내가 독수리의 발톱에서 너를 구했지만, 악덕 지주가 너를 죽였구나! 그는 독수리보다 더 잔인해! 어디에 있니? 어서 돌아와!"

장산은 그렇게 중얼거리며 허리에 묶었던 천을 풀었습니다. 송라오디아오의 머리가 땅에 떨어졌습니다. 장산은 즉시 그것을 발로 차서 돌에 부딪치게 했습니다. 그는 무릎을 꿇고 하늘에 절을 했습니다. 그런 다음 그는 꾀꼬리가 날아온 방향을 향해 바위에 앉았습니다. 그는 지쳐서 잠시

쉬며 꾀꼬리가 돌아오기를 기다리는 듯했습니다. 그는 그
곳에 앉아, 앉아만 있었고, 전혀 움직이지 않았습니다.

계절이 바뀌고, 몇 년이 흘렀습니다. 사랑하는 꾀꼬리는
장산에게 돌아오지 않았고, 그 또한 마을 사람들에게 돌아
오지 않았습니다. 그는 그곳에 움직이지 않고 머물렀습니
다. 아주 오랜 시간이 흐른 뒤 그는 돌이 되었습니다. 정
직하고 충실했던 청년을 기리기 위해, 사람들은 그 바위를
"꾀꼬리를 기다리는 바위" 라고 불렀습니다.

Fanfaronema Imperiestro

(de Hana nacio)

En antikveco estis imperiestro, kiu tre ŝatis fanfaroni, sed neniu volis aŭskulti lian babilaĉon. Iutage, la imperiestro sentis enuon kaj lasis publikigi dekreton al diversaj lokoj: "Kiu povos mensogi tiel, ke mi opinios tion mensogo, al tiu mi donacos duonon de la lando!"

Informiĝinte pri tio, juna paŝtisto venis antaŭ la imperiestron kaj diris:

"Via Imperiestra Moŝto, mia patro havas irbastonon tre longan. En nokto, se li levos ĝin al la ĉielo kaj kirlos per ĝi, steloj diskuros pro timo."

La imperiestro diris:

"Nenia mirindaĵo! Mia patro havas pipon, kiu estas tiel longa, ke fumante li ĉiam bruligas per la suno."

Aŭdinte, la juna paŝtisto foriris.

Post kelke da tagoj alvenis tajloro kaj diris:

"Via Imperiestra Moŝto, jam antaŭ longe mi intencis veni al vi, sed hieraŭ tondro kaj fulmo fendis la ĉielon, kaj pluvegis senĉese, tial mi devis supreniri la ĉielon por ĝin fliki."

La imperiestro diris:

"Vi faris bone, sed vi flikis ĝin ne tiel strikte, kaj pro tio denove pluvegis ĉimatene."

Senvorte foriris la tajloro.

Post tio alvenis ĉarpentisto, kiu iam sin okupis pri konstruado de la palaco.

La imperiestro demandis:

"Por kio vi alvenis?"

Li diris:

"Mi venas al vi por preni de vi la laborpagon en la nomo de miaj kamaradoj. Vi ŝuldas al ni dekalitron da oro."

La imperiestro tuj demandis lin:

"Kiam mi faris la ŝuldon?"

"Se ne, por kio do mi alvenis al vi? Ĉu vi ne sciis, ke la palaco, en kiu vi nun loĝas, ja estis konstruita de ni?"

"Vi diras mensogon!"

Aŭdinte la vorton "mensogo", la ĉarpentisto ridis dirante:

"Ha, ha, jam la vorton "mensogo' vi eldiris, kaj nun, vi devas doni al mi duonon de la lando!"

La imperiestro sciis, ke la vorto elglitis senvole, kaj haste korektis sin:

"Jes, la veron vi diris!"

Kaj la ĉarpentisto tuj diris:

"Nun mia diro estas vera, do vi donu al ni dekalitron da oro!"

La fanfaronema imperiestro povas nenion diri kaj devis doni dekalitron da oro al la ĉarpentisto.

허풍쟁이 황제

(한족)

옛날에 허풍 떨기를 매우 좋아하는 황제가 있었습니다. 하지만 아무도 그의 헛소리를 듣고 싶어 하지 않았습니다. 어느 날, 황제는 심심해서 여러 곳에 칙령을 내렸습니다.

"누구든지 나로 하여금 그것이 거짓말이라고 생각하게 만들면, 나라의 절반을 주겠노라!"

이 소식을 들은 젊은 양치기 소년이 황제 앞으로 나와 말했습니다.

"황제 폐하, 저희 아버지는 매우 긴 지팡이를 가지고 계십니다. 밤에 그 지팡이를 하늘로 치켜세워 휘두르시면, 별들이 두려움에 도망칩니다."

황제가 말했습니다.

"놀랄 것 없구나! 우리 아버지는 담뱃대를 가지고 계셨는데, 너무 길어서 담배를 피우실 때마다 늘 태양으로 불을 붙이셨느니라."

이 말을 들은 양치기 소년은 떠났습니다.

며칠 후 재단사가 찾아와 말했습니다.

"황제 폐하, 진작부터 찾아뵙고 싶었으나, 어제 천둥 번개가 하늘을 갈라놓고 비가 끊임없이 쏟아져서, 저는 하늘에 올라가 그것을 꿰매야 했습니다."

황제가 말했습니다.

"잘했구나, 하지만 네가 그것을 꼼꼼하게 꿰매지 않아 오늘 아침에 다시 비가 내렸느니라."

재단사는 아무 말 없이 떠났습니다.

그 후, 예전에 궁궐 건설에 참여했던 목수가 찾아왔습니다.

황제가 물었습니다.

"무슨 일로 왔느냐?"

그가 말했습니다.

"저와 동료들을 대신하여 임금을 받으러 왔습니다. 폐하께서는 저희에게 금 10되를 빚지셨습니다."

황제가 즉시 물었습니다.

"언제 내가 그런 빚을 졌느냐?"

"아니라면 제가 왜 찾아왔겠습니까? 폐하께서 지금 살고 계신 이 궁궐이 저희가 지은 것이라는 것을 모르셨습니까?"

"그것은 거짓말이다!"

"거짓말"이라는 말을 들은 목수는 웃으며 말했습니다.

"하하, 드디어 '거짓말'이라는 말씀을 하셨으니, 이제 나라의 절반을 제게 주셔야 합니다!"

황제는 그 말이 자신도 모르게 튀어나왔다는 것을 알고 서둘러 정정했습니다.

"아니, 네 말이 옳다!"

그러자 목수가 즉시 말했습니다.

"이제 제 말이 옳다고 하셨으니, 저희에게 금 10되를 주셔야 합니다!"

허풍쟁이 황제는 아무 말도 하지 못하고 목수에게 금 10되를 줄 수밖에 없었습니다.

번역자의 말

이 책을 펼치신 여러분께 깊은 감사를 전합니다. 손에 들린 이 책은 단순한 이야기가 아닙니다. 오랜 세월 동안 중국 동북부의 광활한 대지와 차가운 바람을 견뎌온 사람들의 삶과 영혼이 고스란히 담긴 보고(寶庫)입니다. 헤이룽장성, 지린성, 랴오닝성에 뿌리내린 한족, 만주족, 조선족, 몽골족, 그리고 다후르족, 오룬춘족 등 여러 민족이 대대로 전해온 보물 같은 민담들을 쉬운 에스페란토와 우리말로 읽게 되어 감개무량합니다.

이야기 속에는 사냥꾼, 어부, 농부, 그리고 이름 없는 여성과 아이들의 고단하지만 굳건한 삶의 모습이 생생하게 살아 숨 쉬고 있었습니다. 그들은 가혹한 자연환경과 억압적인 현실 속에서도 지혜와 용기를 잃지 않았습니다. 탐욕과 폭정에 맞서 싸우는 그들의 모습은 오늘을 살아가는 우리에게도 깊은 울림을 줍니다.

이 책을 통해 독자 여러분께서도 삶의 지혜와 깊은 감동을 얻으시기를 진심으로 바랍니다. 이 책에 담긴 민담들이 독자 여러분의 삶에 작은 등불이 되어주기를 소망합니다.

2025년 9월에

오태영(Mateno, 진달래 출판사 대표)